ゴウカク!

本番でいつもの実力を発揮できる

Mental training
to pass examinations

受験合格のためのメンタルトレーニング

予備校講師
岡島卓也 著

ON+OFFメンタルトレーニング協会代表
石津貴代 監修

辰巳出版

はじめに

テストで緊張のあまり頭が真っ白になってしまった――。

目標を見失って何をどうしたらいいのかわからなくなってしまった――。

モチベーションが上がらず勉強を続けることができない――。


そんな経験はありませんか？


僕は予備校講師として15年以上、のべ1万5千人の生徒、そして保護者とかかわってきました。

普段通りの実力を出せていれば、必ず合格できるはずなのになぜか失敗してしまう。そんな悔しい思いをした生徒たちを、たくさん見てきました。

僕自身も昔いじめられっ子だったことから、自分を認められず、様々な失敗を繰り返してきました。だから、生徒の悔しい思いとか不安とか、そういったものは身をもって経験しています。

受験に関してだけでも、世の中にはあらゆる情報があふれ返っています。書店をのぞけば、受験の参考書やテキストが棚を埋め尽くしていますし、インターネット上では、年号の覚え方の歌や受験に役立つと銘打った講義動画がたくさんアップされています。塾や予備校では、合格するためのテクニックや対策を指導してくれます。

こんなにたくさんの情報があるのにもかかわらず、なぜ

「本番に弱い子」がいるのか。

「受験に失敗する子」が後を絶たないのか。

以前、僕は生徒の成績が上がりさえすれば自ずと結果がついてくる、と思っていました。だから講義では点を取るための授業しかしていなかった。

でも、普段の模試では合格ラインを超えているのに、本番で失敗する子が必ずいる。点を取るだけの授業じゃなく、生徒が本番でも普段通りの実力を出せるためにはどうすれば良いのか？　模索している時、僕はメンタルトレーナーの石津貴代氏と出会いました。そこで学んだメソッドを織り交ぜた授業をしたところ、生徒の食いつきがすごく良かった。

受験において成績が伸び悩んでいる、もしくは何かしらの不安を抱えている生徒は、全体の90％以上です。
ほぼ、すべての受験生が抱えている心の課題です。その心の課題を解消する方法は、

教科書にも、
参考書にも、
どこにも書いてありません。

大人だって知っている人は少ないです。

勉強はやればやっただけ、成績が伸びます。
やった子を、裏切りません。
やったのに、プレッシャーに負けて本番に失敗するのは、心が未熟だから。心の鍛え方を知らないから。心、言い換えると『メンタル』の正しい鍛え方を知らないからです。

メンタルを鍛えることで
・どんな状況でもベストパフォーマンスを出せるようになります

・自分に自信が持てるようになります
・人と比較しない自分軸を持てるようになります
・目標に向かって継続できるようになります
・ヒヤヒヤやイライラなどの感情に振り回されなくなります

つまり、最速最短で受験突破という目標に達成できます。
これは僕自身の経験に基づいたもので、生徒、アスリート、会社の経営者に至るまで、様々な人によって実証されています。

最短で3ヶ月。

少しでも不安を抱えているなら、本気でしくじりたくないと思うなら、実践してみてください。必ず受験のプレッシャーに打ち勝てるようになります。

一緒に合格への一歩を踏み出しましょう。

予備校講師・岡島卓也

本書の使い方

本書に収載されているワークシートやメソッドはＯＮ＋ＯＦＦメンタルトレーニングを受験用にアレンジしたものです。

今、これを読まれているのが親御さんであれば、まず親御さん自身が実践してみてください。その後、お子さんに勧めてあげてください。ただ、僕の経験上、ほとんどの受験生はメンタルについて無関心。「そんなの関係ねぇ」くらいに考えています（これが本当は最も危険なタイプ）ので、受験のためにというよりは、**一緒に楽しむくらいの余裕をもって提案してあげてください。**

また、本書のワークシートは書き込んだのち、携帯の待ち受け画面にするなどし、常に目につく環境を作ることで、効果は最大となるはずです。

親子でメンタルトレーニングのスキルを共有し、親子で合格を勝ち取る一助となれば、幸甚です。

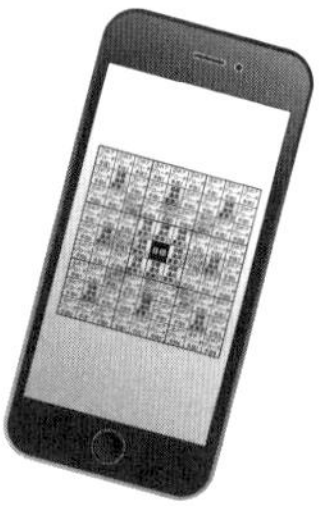

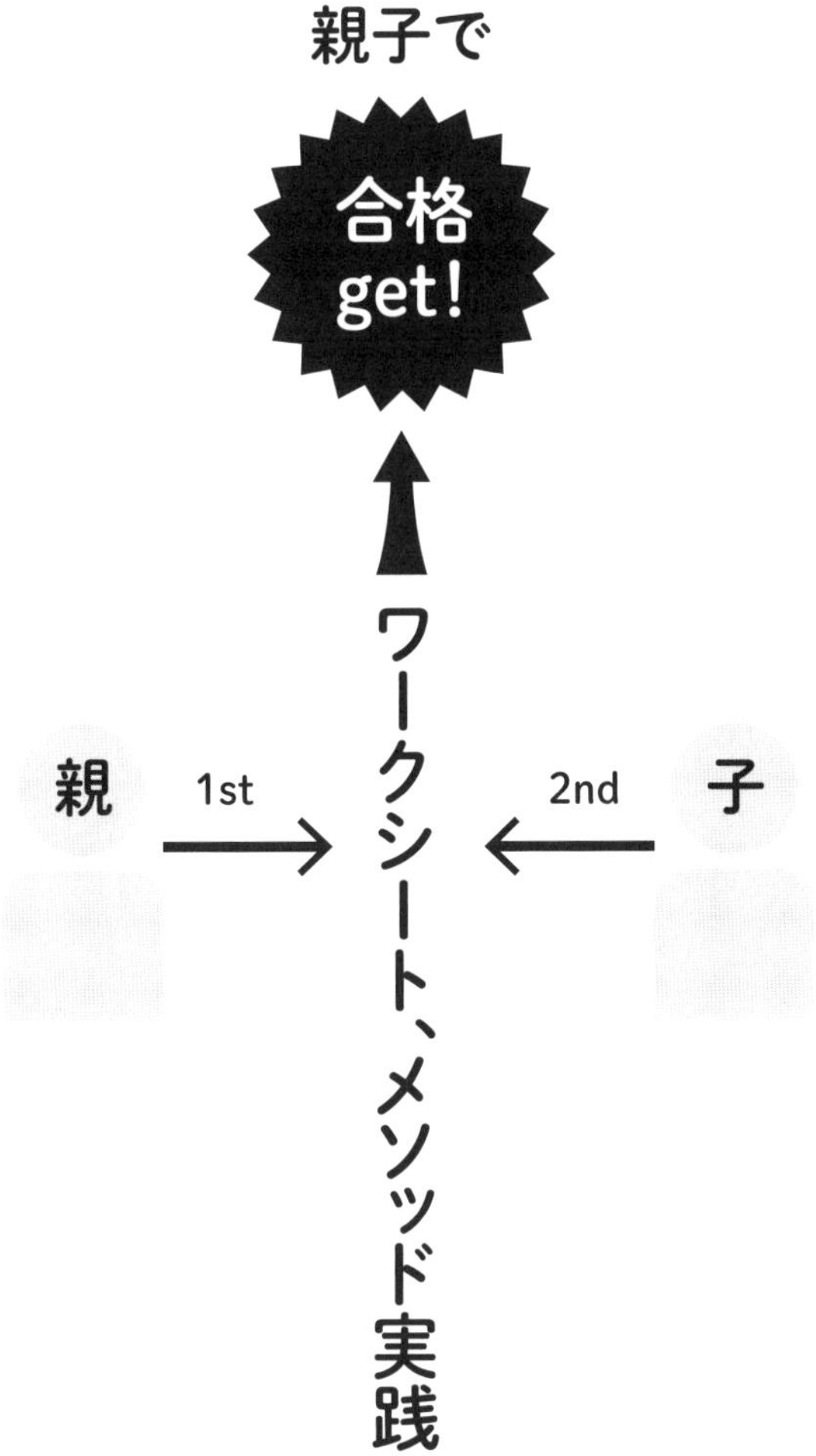
親子で
合格
get!
ワークシート、メソッド実践
親
1st
2nd
子

はじめに …… 2
本書の使い方 …… 6

Step 01

これからの入試とメンタルトレーニング

① 受験事情2020年　変わる学習指導要領、変わる大学入試 …… 14
② なぜ進学するのか？ SNSネイティング世代の不安 …… 19
③ 宇宙飛行士から始まったメンタルトレーニング …… 24
④ 受験に失敗……！ 運が悪い？ 根性がなかった？ …… 28
⑤ メンタルトレーニング　ビフォー・アフター …… 36

Step 02

自分を見つめよう、受験のための自己分析術

① エゴグラムで見る性格診断　あなたはどのタイプ？ …… 42
ワークシート　エゴグラム性格診断テスト …… 45
② 自分の理性と本能を知る …… 52
ワークシート　僕・私のノート …… 57

③自分の感情パターンを知る……61
ワークシート　自分のストレスポイントを知るワーク……66
④自分を客観視してみる……70
⑤自分の強みを知る……75

Step 03

やる気を高めよう、受験のための目標設定術

①合格するための目標設定6つの鍵……82
1つ目の鍵：欲しい感情を明確にする……82
2つ目の鍵：ないない尽くしの言葉を変換する……87
3つ目の鍵：大・中・小で区切る……89
4つ目の鍵：足りていないを知る……91
5つ目の鍵：目標への傾向と対策を講じる……93
6つ目の鍵：合格したその先を思い描く……95
ワークシート　目標設定シート……97
ワークシート　マンダラチャート……98
②やる気スイッチを押す3つのツボ……100

1つ目のツボ：目標を常に目の届くところへ貼り出す……100
2つ目のツボ：アウトプットと見直しを繰り返す……104
3つ目のツボ：手段が目的になっていないか確認する……107
③受験勉強を阻害する5つの壁……109
第1の壁：ちっぽけなプライド……110
第2の壁：変わることへの恐怖心……114
第3の壁：「でも」「だって」の言い訳……116
第4の壁：マイナスの信じ込み……119
第5の壁：家族からのレッテル……123

Step 04

僕・私の取り扱い説明書（トリセツ）、受験のためのメンタルコントロール術

①本番で陥る緊張5つの正体……130
ワークシート　緊張の正体を知るチェックシート……134
《1》緊張が人からの評価に端を発しているパターン……136

《2》緊張が劣等感に端を発しているパターン……139
《3》緊張がトラウマに端を発しているパターン……141
《4》緊張が準備不足に端を発しているパターン……143
《5》緊張が未知の経験に端を発しているパターン……145
②緊張をコントロールする5つの方法……150
《1》マウント型緊張のコントロール法……154
《2》ディスカウント型緊張のコントロール法……157
《3》フラッシュバック型緊張のコントロール法……161
《4》めくら滅法型緊張のコントロール法……164
《5》未知との遭遇型緊張のコントロール法……167
③ここ一番で実力を発揮する身体へのアプローチ法……171
ポジショニング（位置取り）……172
大きく息をする（深呼吸・腹式呼吸）……174
グーパー体操（筋弛緩法）……176
なでおろしセルフマッサージ……177
芳香浴……178
④自在に集中力を高める方法……181

自分がどんなときに集中力が途切れるのか、日頃から注意深く観察する……185
「今、ここ」にフォーカスする……185
呼吸に意識を向けてイメージトレーニングをする……186
自分で決めた集中しやすい一点に意識を集める……186
気持ちを切り替えるパフォーマンスルーティンを作る……187

⑤ネガティブな感情の手放し方……191
感情を第三者視点で見てみる……192
体を適切に動かす……194
チャイルドを受け止め、励ます……195
不安の成仏……198
吐き出しデトックス……199
アンガーマネージメント……200

⑥自己肯定感を高めるトレーニング……205
合格までの年間スケジュール……210

特別付録　本書で使用したワークシートを一挙に掲載！……221

Step

01

これからの入試とメンタルトレーニング

Step 01

① 受験事情2020年
変わる学習指導要領、変わる大学入試

2020年度から小学校、2021年度から中学校、2022年度から高等学校の新しい学習指導要領がスタートします。

この学習指導要領は、「何を学ぶか」という中身を定めるものです。日本全国、離島や山村であろうとどこの学校でも、一定水準が保てるように文部科学省が定めている学校カリキュラムの基準です。この基準はおよそ10年に一度改定され、それを基に教科書が作られます。

それではどのように新しくなるのか、簡単に見ていきましょう。

▽生きる力を育むために、3つの力をバランスよく

・学んだことを人生や社会に生かそうとする『学びに向かう力、人間性』など

・実際の社会や生活で生きて働く『知識及び技能』

・未知の状況にも対応できる『思考力、判断力、表現力』など

出典：文部科学省学習指導要領「生きる力」ウェブサイト
http://www.mext.go.jp/a_menu/shotou/new-cs/index.htm（最終アクセス2020年6月11日）

従来の学習指導要領は、先にも述べたように「何を学ぶか」ということが細かく書かれています。

内容としてはたとえば国語は学年ごとに

1．目標
2．内容―A書くこと、B読むこと

について記載があります。

各学校はこの学習指導要領に沿って作られた教科書を土台にして、授業やカリキュラム、講義などの内容や進め方を決めます。

そこに、新・学習指導要領は「アクティブ・ラーニング／主体的・対話的で深い学び」という視点が加わります。これは、「いかに、そしてどのように学ぶか」という学習の仕方・方法が追加された、ということです。

これはとても大きな変化といえるでしょう。

今までのように、与えられた知識・学んだ知識を詰め込むという、知識重視ではなく、その知識を使って新たな問題を主体的に発見し、解決する力を養おう、という取り組みです。問題に対して対策を見出し、情報収集や他者と協力しながら問題を解決する。つまりは「生きる力」を育む、そんなプログラムといえます。

2020年度（2021年度入学者対象）からは大学入試制度も変わります。大学入学者選抜改革です。

大学入試センター試験が廃止され、学力の3要素

・「知識・技能」（何を知っているか、何ができるか）
・「思考力・判断力・表現力」（知っていること・できることをどう使うか）
・「主体性を持って多様な人々と協働して学ぶ態度」（どのように社会・世界とかかわり、よりよい人生を送るか）

を多面的・総合的に評価する、大学入学共通テストに移行するというものです。

この3要素は新・学習指導要領と同じ内容であるとともに、高等学校教育改革の資質・能力の3つの柱でもあります。高等学校で「学力の3要素」の確実な育成を目指し、大学入試では高校で培ったその3要素を評価する。その先の大学教育では「学力の3要素」のより一層の展開を目指します。高校・大学入試・大学の一体的な改革「高大接続改革」です。

では、なぜこのような改革がおこなわれるのか？

それは、先を見通すことが難しい将来への、国の危機感からです。

現代の日本はインターネットの普及やＡＩ、ＩＴ化など情報化社会の進展で、日々の生活や仕事の在り方が大きく変化しています。ほんの20〜30年前、保護者のみなさんがまだ学生の頃、個人の連絡手段は、多くの人がポケットベル（略してポケベル）だったと思います。音楽を聴くツールとしてはＭＤが入る音楽再生用のポータブルプレイヤーが主流でしたし、家庭用ＰＣはまだ普及していない時代でした。

それが今では、スマホ1台でインターネットやメール、チャット、高性能の写真や動画撮影、音楽再生までもができるようになりました。日本のスマホ（またはガラケー）所持率は90％以上となり、誰もが持っている日用品となりつつあります。今の高校生や小・中学生のお子さんたちは、生まれたときから家庭にスマホやタブレット、ＰＣがある世代です。生活の一部にデジタルが浸透している世代、つまりデジタルネイティブ世代です。スマホネイティブやＳＮＳネイティブ、ともいわれます。

仕事においても、組み立て工場のロボット化、レジのセルフレジ化、電車の自動運転化、ドローンによる荷物の運搬も試験的に始まっています。データの分析や蓄積、計算やプログラムされたことを正確におこなう必要のある仕事は、ＡＩ化され職業として無くなっていくといわれています。ＡＩのほうが、人間よりミスしないですからね。

情報の複雑化や技術の進歩によって、社会の変化はすさまじいものになっています。今の日本人が1日で受け取る情報量は、江戸時代の1年分とも言われるほどです。そういった複雑で変化の激しい中で生きるためには、ＡＩにはできない人間らしいことを極める必要があるということです。

情報過多となっている中で、主体的に情報を選択し活用する。他者と協力し理解し合って物事を推し進める。自ら問題を発見し、試行錯誤しながらも解決する。何もないところから創り出す。アレンジする。そのような資質や能力を育む必要がある、という考えが今回の改革の基本となっています。

ポイント

先が予測できないこれからの時代、子どもたちが身につけるべきものは、他者と化学反応を起こせるクリエイティブさ

Step 01

②なぜ進学するのか？ SNSネイティブ世代の不安

Step01-①では、新学習指導要領の変更点と大学入試制度が変わる、ということをお伝えしました。要因として、激しく変わる社会背景があり、それに対応できる資質を育む、ということでした。

ご自身のお子さんは、どうして進学を考えているのでしょうか？

親御さんが勧めたから？

将来やりたいことが見つかっていないから、とりあえずやりたいこと探しの時間として？

もしくはお子さん自身に学びたいことがある、入りたい大学があるから、と答える人もいると思います。

10年くらい前までは、大学名がステイタスでした。○○大学卒という学歴は、就職活動に有利と考えられていましたし、実際、そういった傾向にあったと思います。

ただ、僕が予備校で生徒たちの動向を肌で感じて思うのは、大学名は今ではステイタスや肩書、価値のあるものではなくなってきている、ということです。

以前は浪人してでも目指す生徒が多かった早慶やGMARCH（ジーマーチ）と呼ばれる学習院・明治・青山学院・立教・中央・法政。ですが最近は、第一志望として受験はするものの、合格しなかった場合は他の受かった学校へ入り、浪人はしない、と言う生徒が主流です。

カリキュラム内に、海外の大学への留学が盛り込まれている大学もあります。生徒を獲得するために学校側も模索し、魅力ある学びを提供しています。大学名だけではやっていけない時代なのです。

僕は予備校で、バケガク、といわれている「化学」を教えています。この化学は受験で必須科目ではないので、履修する生徒は理系の大学ないし学部を受験する生徒です。

理系の学生は文系の学生と比べると、漠然とした「やりたいこと」が見えている生徒が多いです。やりたいことをするために大学へ入る。

対して、文系はつぶしがきくといわれているように、ビジョンがあって受験する、という生徒は少ないように見えます。やりたいことはないけれど、とりあえず（文系）大学さえ行っておけば安《あん》パイ（安全牌）、といったように。それは、生徒自身だけでなく、親御さんも同じように思っているケースが多いように感じます。

確かに親御さん自身が学生の時代は、とりあえず大学や短大へ行けば就職に有利、といった時代だったと思うので、そう考えるのはいたって自然なのかもしれません。ただ、Ｓｔｅｐ01-①でお伝えした通り、現代は、今までのような目標とするロールモデル［大学・短大進学↓大手企業へ就職↓結婚して家庭を持つ］が必ずしもすべての人が幸せになる道筋ではなくなってきています。

家庭内では妻は専業主婦で夫が一家の大黒柱として働き、一切の家事育児を妻に任せる時代ではなくなりました。共働きが主流です。ママチャリで後ろに子どもを乗せて、朝もしくは夕方に爆走しているお父さんを見かけませんか？

また、人口が爆発的に増加していた団塊世代は、言い方は悪いですが、仕事も前例踏襲をしていれば物が売れていた時代です。

今はどんどん人口が減少し、働き手も少なくなっているばかりか、ＡＩ技術の進歩で、職種ですら少なくなってきています。今まで通り作れば売れる時代は終わっているのです。

しかし、いつの時代でも共通していえることは、人生は結果を予測できない、どうなるかわからないもどかしさや悩みがある、ということです。太古の昔から人は、漠然とした将来やどうなるかわからない先行き不安といった不確定要素への、確かな答えを占いなどに求めてきました。インターネットが普及し生活の一部となっている現代でも、それは変わりありません。

SNSネイティブといわれる今の子どもたちは、社会が求める人物像の親世代とのギャップなどで、たくさんの不安を抱えています。自己肯定感が低く、自信のない子はその不安の答えをインターネット越しに求めているように見えます。しかし、検索しても生き方は出てこないのです。

親御さんは、そういった自分たちの時代と今の子どもたちとの違いを、はっきり認識しておく必要があると思います。

その上で、なぜ進学をするのか。

僕は今後の大学や短大は、欧米のように入学は簡単になり、卒業は難しくなるのではないか、と予想しています。

だからといって受験が不毛になる、とはまったく考えていません。大学受験という特殊な経験、集中力、1つのことを長期的にやり遂げる体験。このことは社会人になっても通用する、受験生の人生の糧に必ずなるからです。

大学名は今ではステイタスや肩書、価値のあるものではなくなってきている、と先ほど書きました。しかし、ビジネスの世界では、往々にしてやはり難しい受験を突破してきた子は、プロジェクトをやり遂げる能力に長けている、と知人の経営者からよく聞きます。

いつの時代でも、自分が設定した目標に向かって着実に実力を伸ばし、成果（受験でいえば「合格」）を勝ち取れる、ということはつまり、仕事もできるということにつながるのでしょう。

ポイント
親世代の自分と今の子どもはまったく違う世の中を生きているのだと肝に銘じよう
どうなるか誰にもわからない将来において、受験突破は確かな足跡となる

Step 01

③宇宙飛行士から始まったメンタルトレーニング

1969年7月20日。

アメリカ航空宇宙局（NASA）のアポロ11号が人類初の月面着陸に成功してから約50年。

1つ間違えば生き死ににかかわる、人類未踏の地で究極のミッションマネジメントをこなす宇宙飛行士。彼らは高度の専門的知識とトップアスリート並みの身体能力、異文化メンバーとのコミュニケーションスキルに長けています。

宇宙飛行士の彼/彼女ら、そしてそれにかかわるあらゆるスタッフは、自身が一度も行ったことのない宇宙での作業を想定し、起こり得るすべての事態をシミュレーションしなくてはなりません。

知識や技術があっても、いざ問題が発生した時にどう対応するかで生きるか死ぬかが決まってしまう。そういった極限状態でパニックに陥ることなく、冷静に判断し行動できるトレーニングを彼/彼女たちは日々おこなっています。

このように、心や体に負荷がかかった状態、つまりストレスフルな状態でも心を折れにくくする訓練をメンタルトレーニングと言います。今ではスポーツの分野でよく聞かれる言葉ですが、実は宇宙飛行士の訓練が始まりなのです。

1950年代。宇宙開発が進むロシア（旧ソ連）で宇宙飛行士の宇宙に対する恐怖や不安など、心（メンタル）の問題を解決するためのトレーニングが始まります。

その後、1950年代後半にスポーツに応用され、ロシアのオリンピック強化チームに取り入れられます。その効果が近隣諸国に知られるようになり、1976年モントリオールオリンピックの頃から西欧諸国が取り入れ始め、続いてアメリカ、カナダが本格導入して広く知れ渡るようになりました。

メンタルトレーニングが日本のオリンピック代表チームに導入されたのは各国から遅れること、1980年頃。

日本ではまだまだ根性論が根強く、武道の分野で昔から唱えられている「心・技・体」という3要素がありながら、心のトレーニングに関してはほとんど注目されていませんでした。心の問題は、選手自身の問題と捉えられていたからです。

1984年、ロサンゼルスオリンピックで各国のメンタルトレーニングの成果を目の当たりにした日本は、翌年から本格的に導入を始めます。競技のレベルが高くなるほど、結果がメンタルによって左右されることが実証されたからです。

２０００年、シドニーオリンピックでは日本の12競技団体がメンタルトレーニングを開始。ようやく学問としてのメンタルトレーニングが日本でも認知されるようになりました。

現在では、オリンピックチームだけでなく、ＮＢＡなど多様なスポーツ分野でメンタルトレーニングが取り入れられ、たくさんの成果が報告されています。しかし、メンタルトレーニングを利用しての心理的サポートは、スポーツ先進国と比べて日本はまだまだ遅れているのが現状です。

実のところ１９６４年の東京オリンピックの前に、海外に先駆け日本は「あがる」という心理的症状の研究をしていました。

しかし、東京オリンピック・女子バレーボール〝東洋の魔女〟が、根性論を前面に出した練習方法で金メダルを獲得。成果を挙げたことで一大バレーボールブームが巻き起こり、試合結果などの分析もなく根性論が定着してしまった、という経緯があります。

その後、漫画『巨人の星』や〝東洋の魔女〟をモチーフにした『アタックNo.1』など、いわゆる「スポ根（スポーツ根性）もの」の先駆けともいわれる作品のヒットにより、スポーツのみならず一般社会にも「根性」という言葉が広まったのです。それは今でも、あらゆる場面で根強く残っています。受験という状況においても。

メンタルトレーニングは様々な科学的調査や分析がおこなわれ、統計的データやスポーツ心理学に基づいて実証されたトレーニング方法です。体系的に学ぶことができるため、誰にでも取り入れることができます。

しかし、「心・技・体」でいうところの技術力や体力は、1日で身につくものではないのはみなさんもご存じだと思います。毎日コツコツ継続するからこそ身につくものです。それと同じように「心（メンタル）」のトレーニングも毎日おこなう必要があります。まさに「千里の道も一歩から」。千里の道、約4千kmというと果てしない感じはしますが、その**トレーニング法を一度身につけてしまえばこっちのもの。一生もの**です。

宇宙飛行士が死と隣り合わせの極限状態で、ミッションを遂行するために始まったメンタルトレーニング。スポーツの分野だけでなく多種多様な分野、場面、人生のあらゆる局面でこのトレーニングが効力を発揮するのはいうまでもありません。

また、人類未踏の宇宙空間で、様々なリスクを想定しメンタルをトレーニングすることは、まさに予測が不可能な現代を生き抜く力として、必要不可欠なスキルといえるでしょう。

ポイント

心を鍛えることこそ、人生の荒波を越えるための有効な手段

Step 01

④受験に失敗……！ 運が悪い？ 根性がなかった？

実際にいた、医学部志望だった子の話をしましょう。

模擬試験では毎回合格間違いなしの点を取り、確実に合格できるだろうと本人だけでなく、僕や他の先生も予想をしていた生徒がいました。

本番のセンター試験。我々の予想を覆し、模擬試験で取ったことのない点を本番で取ってしまい、なんと医学部を受けられなかったのです……。なんで、この子がこんな点数を取るんだ。今までできてたじゃないか！　と、本当に残念でなりませんでした。

実は、このような〝普段の模擬試験では、合格間違いなしの点を取っているのに、本番で実力を出せずに涙を飲む〟といった生徒が、毎年のようにいました。

片や、同じように毎回模擬試験で合格間違いなしの点を取り、本番でも普段通りの力を発揮し、難なく合格できた子もいます。

なぜ、本番で失敗してしまったのか？　普段通りの実力が出せなかったのか？　根性が足りなかったのでしょうか？　それとも、たまたま試験当日、お腹が痛くなった。電車が遅延で焦るあまり、頭が真っ白になってしまった。たまたま、不運な出来事に見舞われたからでしょうか？

「勝負は水物だ」と言われることがあります。運に状況を左右されやすく、予想しにくいもの、という意味です。スポーツの世界だけでなく、受験の世界でも、「あいつは（運を）持っている、持っていない。運も実力のうち」で片付けられることが往々にしてあります。

また、「あいつは結局根性なしだった。だから本番に弱いんだ。精神力が足りない」と言う先生もいます。

本当に【運】や【根性】がなかったから、受験に失敗してしまったのでしょうか？

辞書によると「根性」とは、

一．その人の本来持っている、生まれつきの性質。性根。また、あるものに特有の性質。

二．苦しさに耐えて成し遂げようとする、たくましい精神。気力。

とあります。

「実力を発揮できなかったのは、根性が足りないからだ！」の意味するところはきっと、「実力を発揮できなかったのは、継続する強い意志がないからだ！」ということなのだと思います。

確かに、毎日コツコツ練習をすることで、身体的な能力や技術はレベルアップします。それは学習も同じで、問題解答のスピードや正確さ、コツや知識量、慣れといったものは、いかに多くの問題を解いたかによります。やればやっただけ身につきます。やった量は自分を裏切りません。やってやってやりつくして身につけるためには、継続する力が必要です。つまりは、根性がなきゃできない、と置き換えられるかもしれません。

しかし、スポーツや受験における本番は、今までやってきたことを出す「舞台」でしかありません。継続の代名詞としての根性は、本番の試験までのプロセスに有効であって、一発勝負の本番という舞台で成果を出せるかどうかは、学力以外の問題です。

そもそも、根性があれば合格できる＝継続する力があれば合格できるのであれば、模擬試験で合格ラインを突破している生徒はみんな合格しているはずです。でも、実際は違う。

他にも、「気合いを入れればできる！ 気合いで乗り越えろ！」と言葉がけをする先生や親御さんがいます。「瞬発的な集中力があれば、成し遂げられる！ 集中力で乗り越えろ！」と言いたいのだと思います。

入試本番が近くなり、不安や焦りといったネガティブな感情がムクムクと膨らんできます。

そういった感情を持っているとき、辛いと感じているときに「気合いを入れろ！」と言われたり、自分自身に言ったりするかもしれません。

「気合いを入れろ！」つまり、「集中力を高めろ！」とはどんな状態なのでしょうか？

アスリートが「ゾーンに入る」という言葉を使いますが、集中力が高まり、没頭した極限の集中状態のことをいいます。雑念が一切入らず、ピンポイントで物事にフォーカスし、周りの音や景色が入ってこなくなる状態です。（ゾーンについては181ページ参照）

確かにこの状態で試験にのぞむことができれば、どんな状況であっても、あがることなく実力通りの結果を出すことができるでしょう。

ですが、果たしてこういった集中力を高める方法を、本人は知っているのでしょうか。親御さんや先生はその方法をレクチャーしたことがあるのでしょうか？

「もっと真剣にやって！」「集中して！」「頑張ればできるんだから、やりなさい！」などなど。親御さんであれば、このような叱咤激励の言葉を、一度は口にしたことがあると思います。

しかし、このような言葉がけで、お子さんが一度でも集中したことはありますか？

子どもの経験値は、大人より圧倒的に不足しています。それを大人がまずは気付かなければなりません。自分ができるから子どももできる、という前提での言葉がけは、声をかける本人も「何でこんなこともできないんだ！」と、イライラします。子どもは子どもで、怒られることで逆にパフォーマンスが落ちてしまいます。

本当に集中して欲しいなら、根性論や叱咤激励など、情緒的な言葉がけではなく、集中力とは「何を」「どうしたらいいのか」を、具体的に示す必要があるのです。

余談ですが、たまに「なまけぐせをつけないために、宿題をたくさん出してください。根性をつけてほしいから、1分1秒でも長く机に向かわせたいんです。追い込めば精神力が強くなると思うんです」と言う親御さんがいますが、強制ではパフォーマンスが落ち、逆効果です。

なぜなら、脳の働きの本来の性質は「自発性」で、強制や脅しでは学習は進まず、褒めて伸ばすことが正しい、といわれています。また人は心理的に安全な状態だと、思うように行動できる確率が高まることが科学的に実証されています。

根性論を言われただけでは、人は何も達成できません。本番で実力を発揮できる子にしたいのであれば、**きちんとした科学的根拠に基づき構築されたメソッドを使う必要があります。**

それこそが、メンタルトレーニングなのです。

昔から武道などでいわれている「心」「技」「体」。

「これだけ練習して技術的にも体力的にも十分実力があったのに、試合で勝てない」

これは「心・技・体」の「技・体」の練習ばかりしてきた結果です。このことは受験勉強にもいえることです。

毎日コツコツ勉強をし、継続して勉強する習慣が身についた。塾や予備校へ通って合格のレベルまで達することができた。などは「技・体」に当たる部分だと思います。ともすると「技」だけかもしれません。

自分の「心（メンタル）」がどんな状況で、どのようになるのか、どんな弱さがあるのかを意識し、強化してこそ、「心・技・体」一体となって、本番で実力を発揮できるようになるのです。

冒頭の本番で失敗してしまった生徒は、1人や2人ではなく、事実とてもたくさんいます。

本番でちゃんと結果を出す子は、ひょうひょうとしていたり、あっけらかんとしていたり、傾向はあるものの、根本的に共通していえるのは自信のある子です。中には、いい意味でプレッシャーに鈍感な子もいますが。

そんな子でも、不安はみんな感じています。しかし、本番で力を出し切れない、頭が真っ白になってプレッシャーで心がポッキリと折れてしまうような、そんな線の細さはありません。芯がしっかり安定していて、不安というより「緊張を味わって」いるのです。

繰り返し繰り返し、何度も何度も学習を重ねることで、「こうすればいいんだ」という感覚をつかめるようになり、それが自信につながっていきます。量より質になり、無駄を省けるようになる技術を獲得することで、点数にもその成果が現れてきます。場合によっては、そういった試行錯誤の中で、集中力を高める方法を独自にあみだす生徒もいるかもしれません。

「何かを超えていくときは精神力だ、と言う人がいるが、苦しいとき、厳しいと自分が感じているとき、弱っているとき、人は精神なんて強くなれない。それを超えるのは技術（日々の鍛錬）です」と、元プロ野球選手でメジャーリーガーのイチローさんがあるインタビューで答えていました。努力は実力を生み、実力は自信を生む最たるものだと思います。

「人事を尽くして天命を待つ」やりつくしたからこそ言える言葉です。

「心・技・体」の心も鍛えてこそ、実力を発揮できます。

受験は勉強するのは当たり前です。普段できないのに、メンタルを強くすれば魔法のように本番で実力「以上」の力を発揮できます、では決してありません。懸命に努力をした子が、本番で実力通りの力が発揮できるように心のトレーニングをするのです。

努力は報われるべきだと、僕は思います。

決して、根性論を言ったところで、合格はできないのです。

ポイント

受験の失敗は「根性がなかった」からでも「運に左右される水物」だからでもない

「心・技・体」をバランスよく鍛えることで、確実に回避できる

Step 01

⑤メンタルトレーニング ビフォー・アフター

さて、この章では「論より証拠」。

実際にメンタルトレーニングをおこなった生徒のビフォー・アフターを見ていきましょう。

◎医学部予備校に通うA君

高校時代、学校の成績が良く、希望校への推薦入学が確実だと言われていました。

しかし、推薦入試当日。受からなければ！という過度の緊張状態に陥ったA君は頭が真っ白になり、小論文も時間内に書き終えることができず、面接もしどろもどろ。結果は惨敗でした。

A君は、普段の模試では合格点に達していなかったのです。自分は推薦入試がダメだったら到底一般入試では入学できない、という自信のなさから、後がない一発勝負のプレッシャーに打ち勝てなかったのです。

自分に自信がない子には、いくつかの特徴があります。

・「できない」「やれない」などのネガティブな発言が多い
・過去の失敗に囚われている
・「でも」「だって」の言い訳ばかりする
・常に人と比較する

などです。

僕は、自信には「根拠のない自信」と、「実績や経験に基づいてトレーニングして得られる自信」の2つがあると思っています。

前者の自信は、親からたくさんの愛情を注がれたり、認めてもらえたりすることで得られる自信。ポジティブな思い込み、といったところでしょうか。

後者は、トレーニングで身につけることのできる自信です。つまり、メンタルトレーニングで得られるものです。

浪人1年目のA君。予備校へ入学したものの、入試の失敗を引きずり、成績も伸び悩んでいました。

「不安で不安でしょうがない」「何をすればいいのかわからない」「どうせやったってダメだ、

できっこない」「勉強のできる環境じゃない」「頭が悪いのは遺伝だからしょうがない、親が悪い」といったようなネガティブな言葉が、たくさん彼の口をついて出ていました。

僕は、A君に日記をつけるように勧めました。（日記をつけるトレーニングについては207ページ参照）

日記には

［1］ネガティブな言葉は使わず、「〜できた」というようにプラスの言葉を使う

［2］できたことを1日3つ以上、毎日続ける

という、たった2つのルールを課しました。

最初はまったく、1つも、できたことが書けませんでした。逆に「勉強がはかどらなかった」「間違えてしまった」「時間が足りない」など、できなかったことは山ほど、出てきました。

しかし辛抱強く日記を書くことで、少しずつ、できることを書けるようになってきたのです。

以前は、予備校の友だちと話すことも、「時間がもったいない」「話すと、あいつの方が模試の成績が良いことがわかって凹む。だからもう話したくない」でした。

脳細胞が新しくなる、ちょうど3ヶ月ほど経った頃でしょうか。

「話すことでリフレッシュできる」「色んな勉強法、取り組んでいることをシェアできるようになった」「以前は通学のとき、ボーっとしていたけれど、今は合格のためにその時間を有効利用して単語の暗記に充てている」のように、ネガティブな思考からポジティブな思考への書き換えができるようになったのです。

自信がないと人は感情に支配、または振り回されます。しかし自信がつくことで人は前向きになり、感情の振り幅が減るのです。そして、冷静に状況を客観視するようになります。A君はその後着実に成績を伸ばし、本番でも実力を発揮し、無事医学部へ合格することができたのでした。

余談ですが、親御さんの中で子どもに大きな成果を期待して、小さな前進に目を向けられない、おざなりにしてしまう方がいます。そんな方のために気持ちが軽くなる「フランス流子育て」についてお伝えしましょう。

日本では母乳育児こそ正しい、といった風潮があります。母乳が出ないことに悩み苦しみ、自分を「ダメな母親」と否定してしまう人がたくさんいると聞きました。卒乳まで完全母乳を希望するお母さんがなんと多いことか。それに対しフランスでは、「母乳育児頑張ったわ！私2ヶ月も続けたの!!」となるそうです。

日本人からするとたった2ヶ月??ですが、それはそれは本人も周囲も、大フィーバーだそうです。「がんばったわね！　2ヶ月なんてすごいじゃない！」と。日本では離乳まで最短で1年半、つまり18ヶ月が平均的。フランスでは日本の9分の1でも認められます。

お子さんの小さな進歩を認められない親御さんは、まずはご自身の小さなできた、を認めてみるといいでしょう。

ポイント

フランス流、9分の1歩の前進に気付いて認めよう
積み重なれば、大きな自信につながる

Step 02

自分を見つめよう、受験のための自己分析術

Step 02

① エゴグラムで見る性格診断 あなたはどのタイプ？

みなさんは『エゴグラム』という心理テストを知っていますか？
このテストは、カナダ出身の心理学者エリック・バーン博士によって作られた性格診断テストで、人間関係の心理学理論に基づいています。心理学の分野ではとても有名で、信頼性の高いものです。

エゴグラム性格診断テストでは、ＣＰ・ＮＰ・Ａ・ＦＣ・ＡＣという５つの性格に分けることができます。

●ＣＰ（支配性／リーダー：織田信長タイプ）

責任感が強く完璧主義、自分にも人にも厳しく律する心が強い。理想主義。ＣＰ値が低いと怠けやすい、無責任、ルーズ。

●NP（寛容性／ナース：マザー・テレサタイプ）

愛情深い。共感力が高く、思いやりがあって親切。奉仕の心。NP値が低いと人に関心がなく、自分の利益のために人を利用する。

●A（論理性／職人：シャーロック・ホームズタイプ）

現実主義で理知的、客観性にすぐれ合理的。A値が低いと、無駄が多く失敗しやすい。衝動的で無計画、対処能力が低い。

●FC（奔放性／芸能人：坂本龍馬タイプ）

好奇心旺盛で子どものような自由な心がある。自分の感情を開放的に表現し社交的。FC値が低いと無気力で閉鎖的、物事を楽しめない。

●AC（順応性／優等生：野比のび太タイプ）

協調性があり、従順。受け身で依存性が高い。人の期待に応えようと頑張る。AC値が低いとマイペース、わがまま、自己中心的となる。

メンタルトレーニングとは、自分で自分の心を舵取りし、自分軸にしていくトレーニングです。そのためには、自分の心はどんな傾向にあるのかを知る必要があります。

この心理テストによって、自分の傾向が見えてきますので、まずはメンタルトレーニングの準備として親御さんご自身がテストをやってみてください。

エゴグラム性格診断テストは全部で50問あります。正直な気持ちで、直感的に答えてください。

エゴグラム性格診断テスト

CP

はい:2点　どちらともいえない:1点　いいえ:0点

1	自分のやり方を押し通すほうだ
2	自分の弱さは人に見せるものではないと思う
3	問題点や欠点などマイナス面に目が向きがち
4	人に任せられず自分で決めることが多い
5	成長のために必要なのは厳しさだ
6	白か黒か、賛成か反対かのどちらかだ
7	約束やルール、時間は厳守すべきだ
8	自分も人もきちんと責任を負うべきだ
9	「～すべき」「～ねばならない」と思う
10	理想主義者だ

NP

はい:2点　どちらともいえない:1点　いいえ:0点

1	プレゼントや差し入れをするのが好き
2	頼まれるとついつい引き受けて断れない
3	思いやりがある
4	人に対して優しく丁寧に伝えるほうだ
5	人から感謝されることが一番うれしい
6	お世話するのが好き
7	人の成長や成長物語に感動する
8	人から話しやすいとよく言われる
9	ダメと言えず人のわがままを受け入れがち
10	気遣いができる

A	はい:2点　どちらともいえない:1点　いいえ:0点
1	無駄遣いはしないほうだ
2	なぜそうなったかの理由が知りたい
3	物事を筋道立てて考えるほうだ
4	科学的根拠や数字に基づいて判断する
5	感情の起伏はあまりなく冷静沈着だ
6	意見は主観ではなく客観的に言うほうだ
7	人の意見の根拠がわからないと落ち着かない
8	計画的にものごとを進めるタイプだ
9	無駄のない効率的なやり方を好む
10	状況を把握することが先決だと思う

FC	はい:2点　どちらともいえない:1点　いいえ:0点
1	好奇心旺盛だ
2	好き・嫌いがわりとハッキリしている
3	やりたいことがたくさんある
4	素直で純粋、誰に対してもわけ隔てない
5	芸人さんのように人を笑わせるのが好き
6	感情をストレートに出すことができる
7	「へぇ～」「すごい!」「わぁ～」などをよく使う
8	「自分勝手」や「わがまま」と言われることがよくある
9	悩むより先に行動するほうだ
10	思ったことをすぐ口にする

AC

はい:2点　どちらともいえない:1点　いいえ:0点

1	自分の思いや意見をなかなか言えない
2	辛くても我慢してしまうことが多い
3	人の顔色をいつもうかがっている
4	承認欲求が高い
5	周りの人に合わせることができる
6	すねたり、自暴自棄になるときがわりとある
7	人の目が気になる
8	何事も注意深く、軽々しい行動はしない
9	自分より相手の要望に応えようとする
10	「ごめんね」「すみません」が口癖だ

エゴグラム結果シート

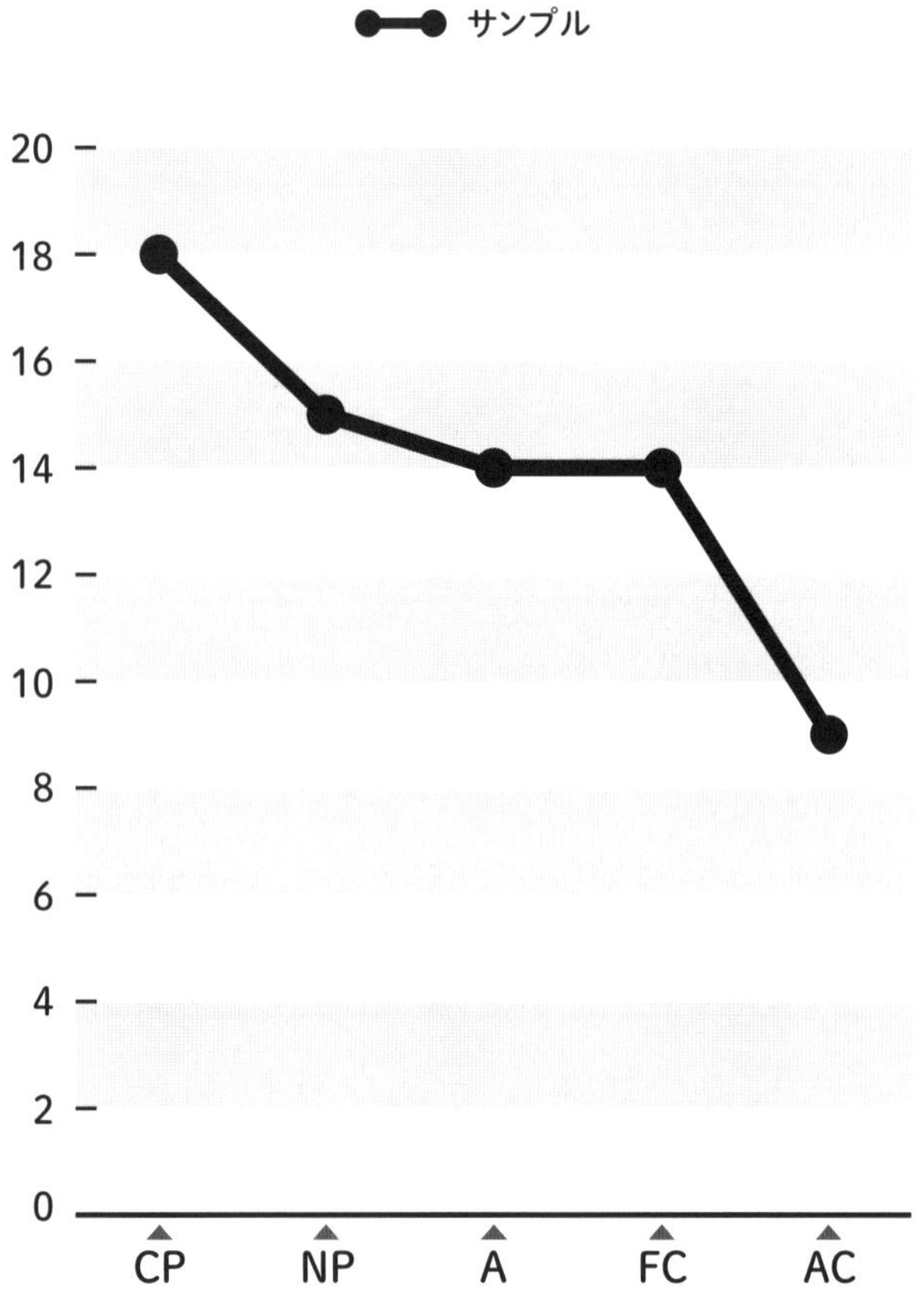

分析：CPが高い傾向にあるがNP・A・FCの傾向もある。ACは低く当てはまりにくい。

いかがだったでしょうか？　あなたは、どんな傾向にありましたか？　支配性の強いＣＰ？　寛容性のあるＮＰ？　もしくは論理性のＡだったかもしれないし、奔放性のＦＣや順応性の高いＡＣだったかもしれません。

なお、このテストは点数が高いから良い、悪いというものではありません。現在の自分の傾向を見る一時的なもの、と気楽に捉えてください。

ポイント

自分の性格の傾向を知ることは、自分を客観的に見るはじめの一歩

Step 02

②自分の理性と本能を知る

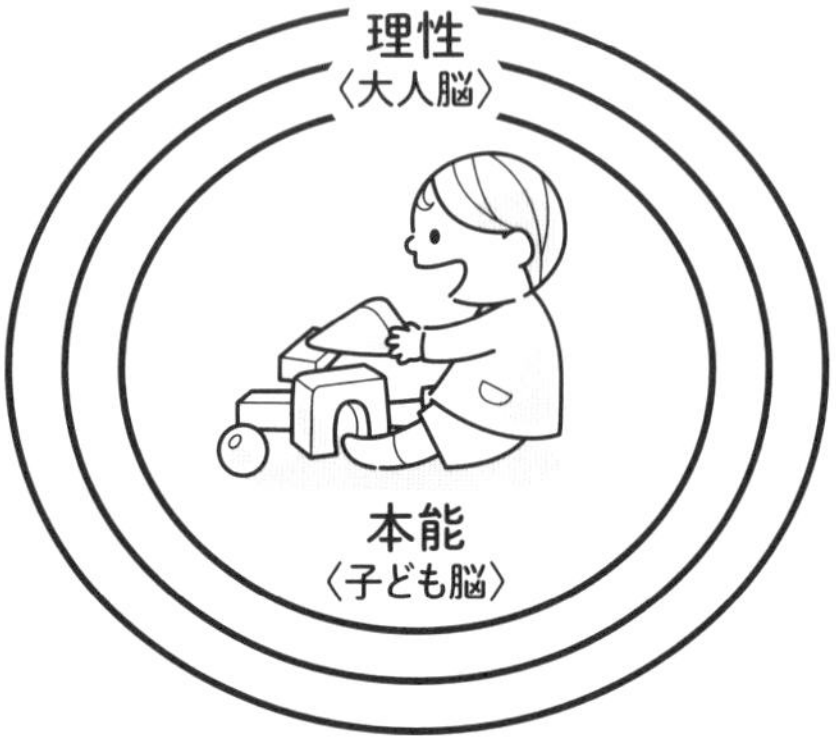

自分の性格の傾向がわかったところで、次は、心の構造について解説します。心の働きとは、いうなれば脳の働きのことです。

脳は、太古の昔、人間が猿だった（諸説あり）とされる時代からある古い部分〈大脳旧皮質・古皮質〉と、進化の途中からできた新しい部分〈大脳新皮質〉の2つの部分に大別できます。

〈大脳旧皮質・古皮質〉は、本能や感情をつかさどる、原始的で直感的な働きをする部分です。ここでは〈子ども脳〉とわかりやすくいい換えることとします。

対して〈大脳新皮質〉は、理性をつかさどり、感情をコントロールする部分。いうなれば〈大人脳〉です。

「私」とは、この2つの脳〈人格〉が共存した状態です。


赤ちゃんのとき、お腹がすいたり眠かったりしたら泣きますね。本能のままに生きていて、〈子ども脳〉が強い状態です。

その後成長し、言葉を話すようになることで、理性が働くようになります。〈大人脳〉の発達です。〈大人脳〉は言葉を使って考え、感情をコントロールしたり、意味づけや正当化、自分を納得させたりします。


〈大人脳〉は、言葉の理解が深くかかわっているとわかる事例があるので、ご紹介しましょう。

1歳くらいの赤ちゃんの頃、描く絵といったら、ひたすらグルグル円を描いたり、クレヨンを叩きつけるようにしたり、となぐり書きです。絵を描いているというより、手の運動をしている。クレヨンを持って手を動かすことで、色の線が引かれる、ということを確かめている状態です。

しかし、2歳くらいの言葉を理解するようになった頃から、幼児は顔の輪郭や花など、意味づけして絵を描くようになります。これは、言葉のわからないチンパンジーは、何年経ってもなぐり書きから脱しない、という実験結果からも明らかだそうです。

・〈大人脳〉は、思考や目標、分析や選択、判断や決断、評価やプライドをつかさどる人格

・〈子ども脳〉は、感情や欲求、快や不快の気分や、やる気、機嫌など感情をつかさどる人格で、1~3歳くらいの頃の自分

この、〈大人脳〉と〈子ども脳〉が、同じベクトルの方向に進めば、とても大きな原動力になります。

脳の働きがわかったところで、実際に、自分の〈子ども脳〉と〈大人脳〉について分析してみましょう。

56ページには、事例として僕自身のワークシートを公開しています。「岡島のノート」を参考に、まずは親御さんご本人の〈子ども脳〉と〈大人脳〉が、どんなものがあるのか、思いつくままで構いませんので、書き出してみてください。実際にご自身がやってみてから、お子さんに勧めてみましょう。小学校受験を控えているお子さんの場合は、親御さんが書いて頂いて結構です。〈子ども脳〉の部分は、お子さんが1~3歳くらいの頃、どんなことに

喜んでいたのか、怒っていたのか、を思い出して書いてみましょう。

岡島のノート

【<子ども脳>を知る】

Q1：気分が上がることは？

仕事が上手くいって、評価されたとき。給料が上がったとき。気の合う人と話したとき。白ワインでほろ酔いのとき。目立ったとき。

Q2：気分が下がることは？

思い通りに事が進まない。話が通じない。マウンティングされたとき。新しいことへのチャレンジ、やりたいことを否定される。納得する理由が得られない。写真がブサイクだったとき。人の方が上手く進んでいると感じたとき。目立てなかったとき。

【<大人脳>を知る】

Q1：プラスの考え方は？

常に高い目標設定。現状をより良くしたい。論理的判断。相手の利益も考える。人を傷つけない。

Q2：マイナスの考え方は？

不安。心配性。人に背中を押してもらいたい。何度やっても同じ結果になる。自分なんて、と思う。落ち込みからの回復が遅い。

Q3：自分の<子ども脳>を1つの人格と捉えたらどんな性格？

カッコよく思われたい。目立ちたい。向上心。認められたい。人より良く思われたい。

Q4：自分の<大人脳>を1つの人格と捉えたらどんな性格？

ブレーキ。自分の子どもを説得させ、前を向かせたい。理知的。面倒見の良さ。

僕・私のノート

【<子ども脳>を知る】

Q1：気分が上がることは?

Q2：気分が下がることは?

【<大人脳>を知る】

Q1：プラスの考え方は?

Q2：マイナスの考え方は?

Q3：自分の<子ども脳>を1つの人格と捉えたらどんな性格?

Q4：自分の<大人脳>を1つの人格と捉えたらどんな性格?

さあ、実際に書き出せたでしょうか？

〈大人脳〉は、わりとサクサク書ける人が多いかもしれません。でも、〈子ども脳〉は、普段、注意深く自分を観察していないと、なかなか書くのが難しいかもしれません。

・どんなときにワクワクしていたか
・友だちと鬼ごっこをして走り回っているとき？
・家族の前でアイドルみたいに歌っているとき？
・１人で電車のおもちゃや車のおもちゃ、お人形で遊んでいるとき？

ワクワクの感覚を思い出す、ということは〈子ども脳〉を知るということです。そして、その〈子ども脳〉とは、自分の原動力、やる気スイッチを知るということにつながります。

〈子ども脳〉はすごく幼稚でフワフワしたものです。人より目立ちたい、注目されたい、上手に作れた、とかです。受験勉強をしていると、どうしても〈子ども脳〉はそっちのけになってしまいます。

受験に合格するには、勉強をしなければならない。

この「〇〇しなければ」に当てはまる行動や考えは、ほとんど〈大人脳〉の働きによるものなのです。

僕は身体を鍛えるために、週に2度ほどボクシングジムへ通っています。そこは世界チャンピオンも通っているジムです。

世界チャンピオンになるには、非常に過酷な減量やトレーニングをしなければなりません。そういった過酷なトレーニングや、食べたいものも食べられない減量が好きだ、という選手はまずいないはずです。その先のチャンピオンになることで「最強と言われたい」「世界ナンバーワンになってモテたい」といった、〈子ども脳〉が喜ぶことこそが、過酷な練習にも耐えられるモチベーションになるのです。

スポーツの世界でも、ビジネスの世界でも、もちろん受験という場においても、成功する人は、この〈子ども脳〉を強く意識している人が多いです。

たとえばオリンピック選手であれば、メダルをとったあとCMが決まってギャラがたくさん入る、とか。受験でも、合格したらみんなにすごいって言われる、こんな楽しい学校生活を送るなど、かなり細かなところまでイメージできているのです。

脳の働きについて、話を戻しましょう。

私たちのメンタル〈脳・人格〉は、遺伝的なものもありますが、育った環境やどんな人とかかわってきたのかなど、様々な経験を通して学習し、今の自分をかたちづくっています。場合によっては、とても深く傷ついた苦い経験を引きずっている人もいるでしょう。

そういった経験や学習の中で、〈大人脳〉にはその人固有の〈クセ〉が育まれます。その〈クセ〉は、ある出来事に対して反応してしまったり、傾向を示したりするものです。このこと自体、人から良い・悪いで判断される類のものではありません。脳が学習した〈クセ〉は、今までの人生の中で、その人にとって必要があったからクセづいたのです。自分自身を守るためだったかもしれません。

でも、その〈クセ〉は単なる〈クセ〉であって、先天的疾患ではないのです。それを知った上で、どうアプローチし、トレーニングするか。

〈クセ〉はトレーニングで、思い描く通りに上書きできます。

ポイント

自分の本能〈子ども脳〉は、とてもフワフワしたものだ

理性〈大人脳〉は単なる〈クセ〉でいくらでも上書き可能

Step 02

③自分の感情パターンを知る

メンタルのトレーニングに入る前に、もう少し〈子ども脳〉を深掘りしてみましょう。

〈子ども脳〉には、喜びといったプラスの感情はもちろん、怒りや憎しみといったドロドロとしたマイナスの感情もあります。

先にも書いたように、〈子ども脳〉を知ることは、モチベーションややる気スイッチにもなりますし、逆にやる気を削ぐ原因にもなりえます。

感情には「喜・怒・哀・楽・愛・憎」の6つの種類があり、ネガティブとポジティブ、大きく2つに分けることができます。その2つを、だいたい50％ずつの割合で人は持ち合わせています。

半々あるはずですが、人は生存確率を高めるために、どうしてもネガティブな感情に引っ張られる傾向があります。

「喜・楽・愛」は、もちろんポジティブな感情です。この感情が湧き上がっているとき、人は笑顔になったり、泣き笑いをしたり、ガッツポーズや飛び上がったりします。

〈子ども脳〉を知る際に、写真などで1～3歳くらいの頃の感情を思い出すといい、とお伝えしましたが、大昔過ぎて思い出せない場合は、今の自分が満面の笑みになる瞬間に気付くようにしてみてください。

たとえば、先生や先輩、友だちや家族、パートナーに、褒められたとき。運動会などで一等賞をとったとき。勉強でわからなかった問題がわかったとき。TVや映画を見て感動して涙したとき。

もし、なかなか思い浮かばない場合は、先に掲載したエゴグラムの性格診断別に、予想できるポジティブな感情をあげてみますので、参考にしてみてください。

●リーダータイプ・CP（責任感が強い）

人から頼られる。目標を達成する。リーダーになる。

●ナースタイプ・NP（愛情深い）

人が喜んでくれる。人に感謝される。人のためになったとき。

●職人タイプ・A（合理主義）

計画が思う通りに進む。理想通りのものができる。何かに没頭しているとき。

●芸能人タイプ・FC（好奇心旺盛）

人から注目を浴びる。笑いを取る。目立っているとき。

●優等生タイプ・AC（従順）

場の空気を読んで、上手く立ち回ったとき。みんなと協力し合って目標を達成したとき。

次に「怒・哀・憎」のネガティブな感情を見ていきましょう。

この感情は、怒りや悲しみ、落ち込み、淋しさ、憎しみ、嫉妬、不安、虚しさ、焦り、孤独感、絶望、喪失、自己嫌悪などがあります。

まずは、自分がどんなときにネガティブな感情になるのか、書き出してみましょう。

・怒りがこみあげてくるのは、どんなとき？

・悲しんだり落ち込んだりするのは、どんなとき？

・焦ってしまうのは、どんなとき？
・不安にかられるのは、どんなとき？
・不機嫌になるのは、どんなとき？

書き出したことで、自分がどんなときにネガティブな感情を抱くのか、少しわかったのではないでしょうか？

わかりやすいネガティブな感情として、多くの人が真っ先に「怒り」をあげると思います。カーッとして感情の振り幅が大きいので、記憶に残りやすいためです。

この「怒り」の感情。心理学では、二次感情といわれ、他の感情と性質が異なります。「怒り」がこみあげてくるのは、その感情の奥底に、別の一次感情が隠れているのです。一次感情とは、嬉しいや楽しい、悲しいや不安・心配、悔しいなどです。

こんなことはありませんか？

・反抗期まっさかりの息子に、「うっせーな、クソばばあ！」と言われてカーッとなり、「親に向かって何てこと言うの！」と怒りがこみあげてきた
・とっぷり日が暮れたにもかかわらず、予定の時間を過ぎても子どもが帰ってこない。帰ってきた子どもに向かって「こんな時間までどこほっつき歩いてるの！」と、怒鳴った

前者には、自分が子どもに否定された悲しみ、親としての立場を守ろうとする焦り、子どもはこうあるべきという自分の価値観の押しつけなどが隠されています。

後者は、子どもに何かあったのではないか、という心配や不安という一次感情が発端となっています。

「怒り」は二次感情で、その裏側には一次感情が隠れていることを知っておきましょう。

それを踏まえ、人はネガティブな感情を抱いたときストレスを感じます。ストレスを感じると、思うように行動できず、パフォーマンスが低下します。このストレスを感じるポイントは人それぞれです。また、そのポイントを知ることが、どう対処すればいいかの足掛かりになります。

では、今度は自分がどんなポイントにストレスを感じるかを、ワークを通して仕分けてみましょう。

自分のストレスポイントを知るワーク

ワークシート①

ストレスを強く感じる：YES ------→ YESの項目はワークシート②へ
ストレスをさほど感じない：NO

1 プレゼントをあげたら相手が微妙な顔をした Y/N →

2 公の場で騒ぐ子を放ったらかしのどこかの親 Y/N →

3 順番待ちに割り込みされた Y/N

4 急いでいる時の電車の遅れや信号待ち Y/N →

5 連絡なく人を待たせる行為 Y/N →

6 注文したものと違うものが届いた Y/N

7 係の指示を出したのに聞かないクラスメイト Y/N →

8 応援しているチームが試合で負けた Y/N →

9 自分が投票した人が悪さをした Y/N

10 失敗を自分のせいにされた Y/N →

11 後輩に口答えされた Y/N →

12 スマホやPCの電源が途中で落ちた Y/N

13 満員電車に大荷物で乗る人 Y/N →

14 いじめ、虐待のニュースを目にした Y/N →

15 勇気を出して席を譲ったのに断られた Y/N

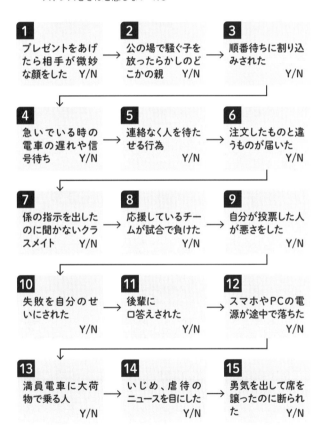

16 愚痴の電話に1時間付き合わされた Y/N → 17 旅先やイベント会場にゴミが散乱 Y/N → 18 やりたくないことを「やれ!」と言われた Y/N

19 タバコのポイ捨て・ペットの糞放置 Y/N → 20 後輩や店員のタメぐち Y/N → 21 電車に乗る直前にドアが閉まった Y/N

22 返事がない、もしくは既読スルー Y/N → 23 国際試合で日本が侮辱された Y/N → 24 車内で大声で電話する人 Y/N

25 都合が悪くなるといなくなる友人知人 Y/N → 26 窓口のスタッフに不愛想な態度をされた Y/N → 27 要らぬお節介をやかれた Y/N

28 やろうとした矢先に「早くやって!」と急かされた Y/N → 29 隣の自転車のせいで自分の自転車が出せない Y/N → 30 お腹ペコペコで帰ったのに夕飯ができていない Y/N

31 対戦ゲームでこてんぱんにやられた Y/N → 32 自分だけハブにされた Y/N → 33 すごく勧められたけど全然良くなかった Y/N

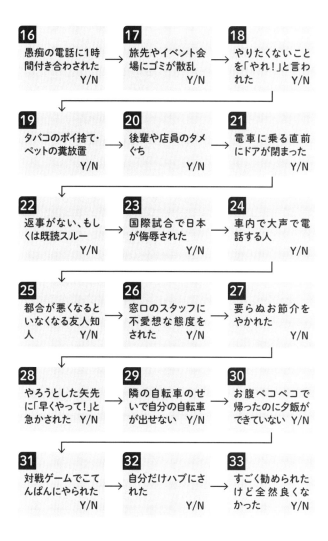

ワークシート②

ワークシート①でYESにチェックした項目を
下の該当する気持ちに振り分けてみましょう。

大切にされたい

・聞いてもらえない

・尊重されていない

・受け入れてもらえない

・わかってくれない

認めてもらいたい

・無視された

・拒否された

・比較された

・嫌われた

人とつながりたい

・見捨てられた

・裏切られた

・思いやりがない

・喜んでもらえなかった

脅かされたくない

・振り回された

・邪魔された

・利用された

・貶められた

上記の気持ちが満たされない時にストレスを感じやすい

さあ、これであなたがどんな部分に強いストレスを感じるのかを知ることができたと思います。

人は書き出して整理することで、「ああ、自分は今ネガティブな感情が湧き出ているのだな」と、自分を客観的に見られるようになり、冷静さを取り戻すことができるのです。

次のページからは、客観的に自分を見ることの大切さをお伝えします。

ポイント

自分がどんなところで喜んだり怒ったりするのか、を知ることが鍵

Step
02

④自分を客観視してみる

Step01-④の根性論についての話の中で、子ども（人）は怒られることで逆にパフォーマンスが落ちてしまうと述べました。

これは怒られる・責められることで、心が危険な状態と判断し萎縮し、それにより、思うような行動や思考、感情のコントロールができなくなってしまうということなのです。

逆に、褒められたり、認められたりといった状態ではパフォーマンスが向上します。脳科学の分野では、こういった心が落ち着いた状態を「心理的安全性」といいます。

「心理的安全性」を、もう少しわかりやすくいうと

・ミスを認めても大丈夫（なぜなら責められないから）
・頼っても大丈夫（なぜなら支えてくれる人がいるから）
・自分の意見を言っても大丈夫（なぜなら頭ごなしに否定されないから）

この「心理的安全性」は、Google社もマネジメントに取り入れているほど有名なメソッドです。

こういったメンタル的に安全な環境を整えることで、ビジネスやスポーツの分野はもちろんのこと、受験勉強においてもパフォーマンスが上がります。ですが、そういった環境を親御さんがお膳立てするのは限度があります。もちろん家庭内で、こういった環境になれば素晴らしいとは思います。

赤ちゃんのように四六時中、親の保護の下で生きることはできません。学校や塾では、根性論を唱える先生がいるかもしれませんし、足を引っ張る友だちやライバルもいるでしょう。社会に出れば、チャレンジもさせてもらえず、頭ごなしに否定する人が上司かもしれません。

そういったとき、親の保護がなくとも自分で乗り越える力を養わなければなりません。乗り越えるために、自らメンタルを「心理的安全性」に持っていく必要があります。

そこで重要となるのは、**自分を客観視する力。心理学では「メタ認知能力」**といわれるものです。

面接などで、長所と短所を聞かれることがあります。その意図は、何ができて何ができないかを知りたい、ではなく、自分を「客観視」できているかどうかが知りたい、だと僕は思います。

自分を客観的に捉えることにより、どうすればつまずいた課題を乗り越えられるのか。自分はどういったことができないのか。〆切のある課題を乗り越えるために優先すべきことを見抜き、諦め（仏教用語では明らめる）、手放す箇所はないか、を冷静に分析できる人間かどうかを面接官は判断しているのではないでしょうか。

英検でも何でもいいのですが、試験会場に行ったときのことを想像してみてください。そもそも普段、塾や予備校の模試では、顔見知りの生徒や先生、気心の知れた仲間がいて、初めて訪れる試験会場では、ネガティブな感情は湧きづらいかもしれません。しかし、初めて訪れる試験会場では、自分以外のみんながすごく優秀に見えてしまい、ソワソワしてしまったとします。

そんなとき、自分を客観的に見られない子は、その感情に引きずられてますます周りが気になり、試験を受ける前から「どうせ無理だ」と、諦めてしまうかもしれません。

一方で、自分を客観的に見られる子は

「ああ、なんだか嫌な気持ちになってきたなあ。ソワソワするなあ。」――自分にネガティブな感情が湧いてきたことに気付いて言葉にする。言葉にする＝〈大人脳〉が働き、感情をコントロールしやすくなる。

↓

「みんな猛勉強してきたんだろうな。太刀打ちできるかな。でも、自分も十分勉強してきたし、いつも通りできれば大丈夫なはず。でもやっぱり緊張するな。緊張を和らげる方法はどんなものがあったかな」——今の自分の問題や壁を明確にし、自分にできること、自分が安心する状況を導きだし行動に移す。

緊張を和らげたり集中する方法をいくつか実行し、成功すればそれが解決策となります。このように、ネガティブな状況に陥ったとしても、自分を客観視するトレーニングを積み重ねることで、心理的安全性は自分で作ることができるのです。

客観視できるようになるトレーニングを、いくつかご紹介します。一番自分に合った方法で普段からトレーニングしてみましょう。

[1] 自分の考えや感情をTVの中の人ごと風に言ってみる

先ほどの例のように、「あー、なんだか嫌な気持ちになってきたぞ。緊張しているようだ。さあ、この危機をどうやって回避する?·?」のような感じで。TVの中の主人公を観察するようにして自分を見てみる。

[2] 鳥になったように上空から俯瞰してみる

自分の目線ではなく、鳥の目線で全体を見てみる。試験会場の天井あたりから見ているように。感情は意識せず、ただ観察します。何十人、何百人いる中の1人といったように、広い視野で全体を見渡しましょう。

[3] 自分はどんな人間かを友だちに聞いてみる

自分のことは自分が一番よく知っている、と思いがちです。しかし、案外過小評価をしていたり、新たな一面があることを教えられたりして、思っている以上に人が見ている部分は違うのだと気付きます。

[4] 日記をつける

Step01-⑤のビフォー・アフターでも触れた、日記を書くこと。これは、すぐに始められる一番手軽な方法かもしれません。普段の自分の行動や言動は、意識をしない限り忘れてしまいます。それを、1日の終わりに思い出して文字として書き出す。そうすることで、冷静に自分を振り返ることができるのです。

ポイント

心理的安全性は自分で作ることができる

Step 02

⑤自分の強みを知る

あなたは、あなた自身の「強み」を知っていますか？

「強み」というと、人と比べて優れているところ、と考える人もいるでしょう。しかし、そうではありません。

言うなれば、コアな部分、自分軸です。もっとわかりやすく噛み砕くと、〈どんなところに自分が反応するのか〉〈どんな欲求を持って生きているのか〉に気付き、知ることです。

欲求とは「欲しい」と思う気持ちで、人が行動を起こすためのモチベーションとなります。このモチベーションとはつまり、動機付けです。

人は、何かが欲しい、もしくは足りないと心で感じます。これが〈欲求〉です。

この〈欲求〉を満たそうとするために、具体的な行動・手段を取ります。それが〈動機〉です。目的や目標とも言い換えられます。

欲求があり、それを満たすために行動をする。そして欲求が満たされることで、人には「心地がいい」や「気持ちがいい」などのポジティブな感情が生まれます。

たとえば、牛丼が食べたい。パスタが食べたい。炭酸飲料が飲みたい。と思ったとしましょう。

このとき、

・お腹が減ったから食事をしたい
・ボーっとしているから、シュワッとしたものでスッキリしたい

という気持ちが〈欲求〉です。

この〈欲求〉を満たすために、具体的な行動・手段を取ることが〈動機（目標や目的）〉となります。ここでは、

・牛丼やパスタを食べる
・炭酸飲料を飲む

に当たる部分です。

別の例をあげてみましょう。

あなたは今、映画を見に行きたいと思っています。それはアクション映画ですか？　ホラー

映画でしょうか？　それともコメディやラブストーリー？　何の映画が見たいかが、どんな〈欲求〉を手に入れたいか、となります。

・アクションやコメディ→戦いの姿や笑いで、モヤモヤした気持ちをスッキリさせたい
・ホラー→ドキドキする気持ちを味わいたい、普段と違う緊張感が欲しい
・ラブストーリー→トキメキたい

といった感じです。

この〈欲求〉を満たすために映画を見る、という手段を選んだのです。映画でなくとも、舞台でもいいですし、本でもいいのです。

つまり目的の中に、欲求が隠れている、ということです。何となくわかったでしょうか。それでは、実際に自分自身の「強み〈欲求〉」とはどんなものか、ワークを使って発見していきましょう。

【質問1】

子どもの頃〜現在で、どんな夢や目標がありましたか？〈動機〉

岡島の例：サッカー選手、医師、予備校講師

【質問2】

その夢を達成したら、どんな「欲しい」が満たされますか？　もしくは、その夢を達成するために、自分はどんなことが「足りない」と感じていますか？〈欲求〉

岡島の例：チヤホヤされて、自分は特別な存在なのだと思える。目立てる。

僕・岡島の例でいうと、価値のある人、人より特別な存在でいたい、チヤホヤされたい、という〈欲求（強み・コア）〉があり、それを満たすために、僕が選んだ手段や目標、〈動機〉がサッカー選手や医師、予備校講師、です。

チヤホヤされたいという欲求がありながら、たとえば僕が頭だけで考えて、今の世の中は超高齢社会で高齢者がたくさんいる。だから社会的に必要だから、介護士になろう、と思ったとしたらどうでしょうか。強みの欲求が、高齢者の笑顔が見たい、助けになりたい、というのであれば、それを満たす介護士はうってつけかもしれません。〈欲求〉と〈動機・手段〉が同じベクトルを向いているからです。

でも、僕は目立ちたいし、チヤホヤされたい。それを満たし、なおかつ、社会的に必要不可欠なもの、だとしたら、医師を選ぶことが、僕にとっては1つの正解となります。

医師を選ぶことに隠された欲求・満たされるであろう欲求は、チヤホヤされる、目立つ、自分は特別な存在と感じられる、以外にも、

・人を救う力が欲しい（足りないと思う気持ち）・人の役に立ちたい・高収入が得られる・刺激が得られる・知識欲が満たされる・緊張感を味わいたい……などがあげられます。

欲求を満たす目的として同じ医師を選んだとしても、自分とまったく同じ人間がいないのと同じように、満たしたい欲求は個人個人で異なります。親子でも例外ではありません。それが自分の分身のような、子どもだとしても。

僕の欲求の1つ「目立ちたい」は、世間からしたら利己的で、批判される要素かもしれません。でも、自分がそう感じることに、良い・悪いもなく、人にジャッジされるべきものでもありません。

世間体とか人の目は気にせず、本当の自分の気持ちに気付くことが重要です。

前述した食事がしたいという例でも、お腹を満たすというたった1つの欲求しかないのか、といったらそうではありません。たとえばカフェで食事をしたい、高級レストランで食事をしたい、という場合はどうでしょうか。カフェや高級レストランには、食べるというよりリラックスしたい、ハイソな場所へ行って優越感を感じたい、という欲求が隠れている場合があります。

欲求には、たくさんの種類があります。誰かとつながっていたい、所属していたい、安定を求めたい、変化や刺激が欲しい、人と違うユニークな存在になりたい、尊敬されたい、楽をしたい、コレクションしたい、お金が欲しい、失敗したくない……などです。

重要なので何度も書きますが、自分の欲求となる強みを知ることが、次のステップで紹介する目標設定術に深くかかわってきます。

普段、どんなところで自分が喜んでいるのか、劣等感や足りないという気持ちを感じているのかを常日頃から意識してみましょう。ノートに書き出して言語化すると、もっと客観的に自分を知ることができるのでお勧めです。

ポイント

「強み」とは、自分の「欲しいや足りない」と思う気持ち

Step

03

やる気を高めよう、受験のための目標設定術

Step 03

①合格するための目標設定6つの鍵

Step02では、自身がどういうことにワクワクするのか、足りないと思っていることは何なのかを、ワークを通して知ることができたと思います。

Step03では、自分にとって最適な目標設定の仕方を学んでいきます。その鍵は全部で6つ。1つひとつ詳しく見ていきましょう。

その際に、自分の「強み（コア・欲求）」を知ることは、目標設定をする上でとても大切になってきます。なぜなら、〈欲求〉と〈動機・手段〉が同じベクトルに向くことこそ、目標つまり、合格への原動力になるからです。

1つ目の鍵：欲しい感情を明確にする

まずは、ザックリとした目標を立ててみましょう。

たとえば○○大学に入りたい、高等専門学校へ行きたい、海外の大学へ行きたいなど、今のお子さんの夢や目標を確認してみましょう。ここで1つ肝に銘じてほしいのが、その目標は達成したいとお子さん自身が思う目標にする、ということです。

よく進路相談で親御さんも含め、次のようなことを言う子がいます。

「とりあえず今の偏差値・学力でちょっと頑張れば入れるところであれば」とか「とりあえず早稲田受けてみます。多分無理だと思うけど。記念受験で」など。

まず、今の延長上に未来があるという考えのもとで目標設定はしないでください。未来があるから今があるのです。

また、後者は目標ではありません。そもそも最初からできない、無理、達成できないと思っていることは、目標とはいいません。ただの願望です。目標は、成し遂げるために掲げるものです。

次に、その目標は「なぜその目標にしたのか」「何を満たすための目標なのか」、つまり「何が欲しいのか（欲しい感情など）」を深掘りしましょう。この目標の奥深くに隠された「欲しい感情や理由」を明確にしておかないと、挫折しやすくなったり、途中で見失ってブレが生じる可能性があるからです。

その目標を達成することで、〈子ども脳〉が喜ぶのか？　それとも頭だけで考えて、しなくちゃいけない、と思っているのかを見極める必要があります。

〈子ども脳〉が喜んでいる状態では、感覚的にワクワクしています。脳内に興奮物質のドーパミンが出ているような状態です。

対して〈大人脳〉で考えると、ワクワクはしません。本当はやりたくないけれど、仕方がないから頑張る。やらされ感満載の状態です。

リアルな感覚が伴った目標であれば、モチベーションや原動力になります。

たとえばK君の場合。

K君の将来の夢は公務員です。その理由は、安定しているから。

確かに現代は、大企業や大手金融機関でさえも先行きが見えない時代です。また、一昔前まではベンチャー企業はすぐに淘汰される、といわれていましたが、今や「メルカリ」などに代表されるベンチャー企業の躍進はすさまじいものがあります。余談ですが、「メルカリ」は現在国内唯一のユニコーン企業といわれています。ユニコーン企業とは、非上場でありながら企業評価額が10億ドルを超えている創業10年以内の有望ベンチャー企業のことをいうそうです。

K君の話に戻ります。「公務員が安定しているから」をよくよく探ると、実は事あるごとに両親、そればかりかお正月に会う親戚から「公務員はいいぞー、安定しているからな。特になりたいものがないなら公務員にしとけ」と言われていたそうです。K君は、確かに安定しているし、とある意味大人による洗脳で夢を公務員に設定しました。

しかしK君、実は心の底では密かに憧れていた職業があったのです。それは小児科の先生です。

彼は幼少期に病気を患っていて、しょっちゅう小児科のお世話になっていました。自家中毒という症状で嘔吐が止まらず脱水症状を起こし、点滴を頻繁にしていました。幼いながらも小児科に行けば、この苦しくてつらい状態を治してくれる、と身をもって体験していたのです。

たいていの子どもは予防接種をしに行こう！　と言われた途端に、泣き叫ぶ、逃亡する、暴れるなどの行動を起こします。親や医師、看護師が「注射をすれば病気にかかりにくくなるからね、頑張ろうね」と理屈で説得したところで、効果を実感していない子どもにとって、注射は痛い以外の何ものでもないからです。

でもK君は、注射や点滴をすれば嘔吐が止まる、という体験をしているので逃げません。むしろ率先して注射や点滴を受けます。

また、周りの男の子が仮面ライダーなどのヒーローもの、サッカーなどのスポーツ選手に憧れていた中、いつも自分を気持ち悪い状態から解放してくれた先生は彼にとって現実世界のヒーローでした。

実は医師になるということこそ、K君にとってリアルな感覚を伴った、〈子ども脳〉が喜ぶ最適な夢・目標なのです。公務員は彼にとって〈子ども脳〉を〈大人脳〉で抑えたまやかしの夢でしかなかったのです。

ここで注意してほしいのは、
□大人は子どもの夢や目標に対して大人の価値観を押しつけてはいけないということ
□親御さんが昔なりたかった夢を子どもに背負わせないこと
□子どもの夢や目標が自分の価値観や意にそぐわないからといって批判しないこと
□子どもが憧れを抱いている対象の批判や悪口を、その子の前で言わないこと

K君のお母さんは、K君の前でその医師の批判をしたことがあるそうです。「ちょっと頼りないよね、もうちょっと○○してくれたらいいのだけど」と言ったり、親戚の大人も「医者になるのはお金がかかるから大変だ」などと話したりしたそうです。

それを聞いたK君は、お医者さんになりたいという気持ちをそれ以降封印しました。

子どもにとって、大人、特に母親の何気ない一言はとても大きいのです。その子のワクワクの芽を摘むぐらい。

親御さんは、そのことを十分理解して声がけをしましょう。そうすれば、子どもにとって最適で持続可能、その子の強みを生かした本来定めるべき目標を見つけることができます。

ポイント

目標は願望でもなく今の延長にあるものでもない〈子ども脳〉が喜ぶ目標かどうかを見極めよう

2つ目の鍵：ないない尽くしの言葉を変換する

ネガティブな言葉を使う目標はNG。

たとえば、「テストでミスをしない」「緊張しない」などの、マイナスなイメージを想像させるものです。

○○しない、と考えた時点で＝今自分は○○できていない、できない↓自己否定につながり、どんどん自信がなくなっていきます。

また、そのこと自体に囚われてしまうため、本来のポジティブでワクワクした感覚を伴った目標を見失ってしまいます。

余談ですが、ぜひインターネットで「猫ではない」と画像検索してみてください。猫ではないものが出てくるはずが、猫の画像ばかり出てきます。

つまり、それ以外を希望しているのにもかかわらず、結局はそのマイナスの出来事ばかりに集中してしまう、ということです。

実は脳の働きも同じです。

ネガティブな言葉という点では、親御さんの声がけにも同じことがいえます。

「あなたは○○が苦手なのだから××しなさい」や「○○できないとダメ」などです。苦手を親が勝手に決める、苦手だと印象付ける、思い込ませることは、何の利点にもつながりません。それよりも、伸び率が遅い中で成長した部分を気付かせることの方が、何倍もその子にとって有益です。

もし、どうしてもマイナスイメージの言葉しか出てこない場合は、それを一度書き出し、言葉遊びのようにポジティブな言葉に変換してみましょう。たとえば「テストでミスをしない」ではなく「テストで前回より1問でも多く点を取る」など、ポジティブな原動力になる言葉の変換をしてみましょう。

ポイント
ポジティブな言葉を使った目標設定をする

3つ目の鍵：大・中・小で区切る

目標を達成するために、期間とボリュームをまずは3つのスパンで分けてみましょう。大目標・中目標・小目標といったように、大きな目標までの間にいくつかの小さな目標を立てます。1歩1歩階段をのぼるようなイメージです。2段や3段飛ばしをしても階段はのぼれますが、いきなり1段目から一番上まではのぼれないですよね。

例をあげると、1年後の全国大会優勝・日本一を大目標とし、半年後の県大会優勝が中目標、2か月後の市の大会優勝が小目標といった具合です。

小さな目標を複数設定することで、この目標がクリアできたから次へ、とモチベーションが維持しやすくなります。

受験であれば、もちろん志望校合格が大目標となるかもしれませんし、その先のやりたい仕事なり研究なりがあるとしたら、志望校合格は中目標ということになります。

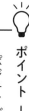

次に、大目標から小目標へ、期間とボリュームとを逆算して目標を設定してみます。

先ほども述べましたが、今の延長上に未来があるわけではなく、未来があって今がありま す。なりたい未来の姿から今を逆算していきます。

僕たち予備校講師も、志望校試験日から逆算して授業計画を立てます。ここまでには、この勉強が終わっていなければならない、などです。親御さんがお仕事をされている場合であれば、だいたいプロジェクトには年間目標、中期目標や月間目標などが設定され、それに照準を合わせてプロジェクトを進行していると思います。それとまったく同じことです。

受験においても、この学校に合格するためにはこの時点で、ここまでクリアしておかないと、という計画があります。それは自分自身が、今どこができていて、どこがウィークポイントかを把握できていなければ立てられません。

このとき、自分を把握するためにＳｔｅｐ02-④「自分を客観視してみる」力が有効となります。なかなか客観視が難しい場合は、塾や予備校の先生の力を借りてみましょう。生徒を客観的に見てその事実を伝えることも、塾・予備校講師の仕事でもあるのですから。

ポイント
大目標から逆算して小さな目標を設定してみる

4つ目の鍵：足りていないを知る

「今の自分」「目標を達成している自分」とのギャップをきちんと認識して、その差を数値化してみよう。

人の感覚として、理論や言葉よりも数値で表したほうがよりグッと現実味を帯びることがあります。

たとえば天気予報。明日は曇り時々雨です。と聞くよりも、明日は曇りで60％の確率で雨が降るでしょう。と言われたほうが感覚的に理解できませんか？

他にも、小学4年のあの子は走るのが速いと言われるのと、あの子は50ｍを8・9秒で走る。このタイムは小学4年男子の上位15％に入るスピードだ。と言われたほうがどれだけ速いかがわかります。

なので、現在の自分は立てた目標の何％を達成できているかを実際に数値に表し、可視化してみます。そして残りのできていない%を出し、何が足りないのか、どうすれば%を上げられるのかを明確にします。

これは逆算して目標を設定するという、3つ目の鍵の精度を上げるために必要となります。

逆算して目標に到達するためのスケジュールを立てるには、まずは全体を把握できる力、そして目標を達成するために必要な学力を知り、同時にどれだけ自分が足りていないかを知らないといけません。普段の学習でもそうですが、自分がどれだけできてどれだけ足りていないかを把握することは、効率の上でもとても大切になってきます。

学習の基本はできないものをできるようにする、ということですが、できるものをどんどん伸ばしていき、最終的にできないものに見切りをつける、ということも受験では往々にして必要な戦略です。

ポイント

今の自分の学力を数値化してみよう

5つ目の鍵：目標への傾向と対策を講じる

大目標への到達までに起こり得る変化やリスクについて、可能な限り想像して書き出してみよう。

人は変化することを性質的に好みません。変化に弱く、不安を抱えます。このことについては、後述するStep03-③「受験勉強を阻害する5つの壁」の中で詳しくお伝えしますので、そちらを参考にしてみてください。

目標到達の過程において、あらゆる変化とそこから生じるリスクを事前に考え対策を立てることで、実際その通りのことが起こっても、パニックになる可能性が低くなります。

合格を大目標とした場合、起こり得る変化やリスクの例をいくつかあげてみます。

A：勉強を詰め込み過ぎて効率が上がらない、気分が落ち込むようになった

B：ずっと勉強ばかりで運動せず、体力や免疫力が落ちて本番で風邪やインフルエンザにかかってしまった

C：計画通りに進まず焦るばかりで勉強が手につかず、諦めモードになってしまった

D：試験会場で緊張し、お腹が痛くなってしまった

E：試験会場への電車の乗り換えや道順を間違え、遅刻してしまった

この解決策として

A：人の集中力の持続可能な時間には限りがあります。また、目先のやらなければならないことに囚われて本来の目的を見失うことでモチベーションが下がります。集中力を高める方法についてはStep04-④をご覧ください

B：週に1回は体を動かす習慣をつける、予防接種を受けるなどの対策を打つ

C：大人でも計画通りに1人で物事を進めるのは、とても大変です。親御さんや先生など受験の先輩、プロからアドバイスをしてあげる、というのも1つの解決策です。他にもStep04-⑤「ネガティブな感情の手放し方」も参考にしてみましょう

D：こちらはStep04-③「ここ一番で実力を発揮する、体へのアプローチ法」を参照してください

E：試験会場へは最低一度は本番前に実際に行ってみましょう。遠方の受験生で事前に会場へ足を運ぶのが難しい場合は、当日早目に出発する、Googleマップのストリートビューで道筋を辿っておくのも1つの手です

ポイント

事前にリスクを書き出し、対策を練っておく

6つ目の鍵：合格したその先を思い描く

目標達成したときの状況を、事細かにイメージしてみよう。

たとえば、希望する大学に入って自分がどんなキャンパスライフを送っているか想像してみます。

インターネットを使えばHPなどでたくさんその学校の写真や情報が出てきますが、事前に下見をして実際歩いてみたり、教室に入ってみたりすることも、感覚にダイレクトに刺激が伝わるのでお勧めです。

自分がどんな服装をしているのか、持ち物はどんなものを持っているのか、ゼミやサークルはどんなところに入ってどんな活動をしているか、長期休暇ではバイトに励んでいるのか、友だちと旅行やフェスに参加しているかもしれません。

そういった目標を達成した後の、キラキラした自分の姿を細かくイメージすることで、より強く目標に近付きたい気持ちが芽生えます。


世界トップクラスのアスリートのほとんどは、目標を達成した後の自分がどうなっているかについて、こういった細かなイメージを持っています。世界チャンピオンになったら取材が来る、CMが決定して収入が増える、モテる、目立てるなどです。

そのイメージをはっきり持つことができたら、その中で逆算して今の自分ができることを主体的に考え、実行するようになります。自分が欲しいと思ったものを手にするためには、人は言われなくとも行動するものです。

ポイント

目標達成後の自分の姿を事細かにイメージしてみる

では、目標設定6つの鍵を理解したところで、実際に目標設定シートとマンダラチャートを使って目標を設定してみましょう。

目標設定シート

<目的>目標達成への流れをつかみ、
自分の強みを再確認する

・制限時間10分
・人生の目標を上から順に埋めていく
・次に勉強の目標を上から埋めていく

	人生の目標	勉強の目標
夢のような目標		
最小限の目標		
30年後の目標		
10年後の目標		
5年後の目標		
4年後の目標		
3年後の目標		
2年後の目標		
1年後の目標		
半年後の目標		
3ヶ月後の目標		
今月の目標		
今週の目標		
今日の目標		

マンダラチャート

<目的>行動しやすくするために、目標達成の
エッセンスを言語化し整理する

・目標→目標達成要素→アプローチ手段の順で埋めていく

①のアプローチ手段1	①のアプローチ手段2	①のアプローチ手段3	②のアプローチ手段1	②のアプローチ手段2	②のアプローチ手段3	③のアプローチ手段1	③のアプローチ手段2	③のアプローチ手段3
①のアプローチ手段4	**目標達成要素①**	①のアプローチ手段5	②のアプローチ手段4	**目標達成要素②**	②のアプローチ手段5	③のアプローチ手段4	**目標達成要素③**	③のアプローチ手段5
①のアプローチ手段6	①のアプローチ手段7	①のアプローチ手段8	②のアプローチ手段6	②のアプローチ手段7	②のアプローチ手段8	③のアプローチ手段6	③のアプローチ手段7	③のアプローチ手段8
④のアプローチ手段1	④のアプローチ手段2	④のアプローチ手段3	**目標達成要素①**	**目標達成要素②**	**目標達成要素③**	⑤のアプローチ手段1	⑤のアプローチ手段2	⑤のアプローチ手段3
④のアプローチ手段4	**目標達成要素④**	④のアプローチ手段5	**目標達成要素④**	**目標**	**目標達成要素⑤**	⑤のアプローチ手段4	**目標達成要素⑤**	⑤のアプローチ手段5
④のアプローチ手段6	④のアプローチ手段7	④のアプローチ手段8	**目標達成要素⑥**	**目標達成要素⑦**	**目標達成要素⑧**	⑤のアプローチ手段6	⑤のアプローチ手段7	⑤のアプローチ手段8
⑥のアプローチ手段1	⑥のアプローチ手段2	⑥のアプローチ手段3	⑦のアプローチ手段1	⑦のアプローチ手段2	⑦のアプローチ手段3	⑧のアプローチ手段1	⑧のアプローチ手段2	⑧のアプローチ手段3
⑥のアプローチ手段4	**目標達成要素⑥**	⑥のアプローチ手段5	⑦のアプローチ手段4	**目標達成要素⑦**	⑦のアプローチ手段5	⑧のアプローチ手段4	**目標達成要素⑧**	⑧のアプローチ手段5
⑥のアプローチ手段6	⑥のアプローチ手段7	⑥のアプローチ手段8	⑦のアプローチ手段6	⑦のアプローチ手段7	⑦のアプローチ手段8	⑧のアプローチ手段6	⑧のアプローチ手段7	⑧のアプローチ手段8

Step 03

②やる気スイッチを押す3つのツボ

Step03-①で、実際に目標設定をしたところで次は、その目標へのやる気スイッチを押したり、モチベーションを維持するためのツボをご紹介します。ツボは3つです。

1つ目のツボ：目標を常に目の届くところへ貼り出す

少し違う話かもしれませんが、たまに手帳や日記帳を買ったことで満足してしまい、結局何も書かずに終わってしまう人、旅行計画を立てたのに途中で頓挫して計画倒れになってしまう人がいます。

それと同じように、意気込んで立てた目標にもかかわらず計画倒れ、ならぬ目標倒れになってしまう人がわりと多いのです。それは日々やるべき目先の勉強などに忙殺され、本来の目標を忘れてしまうからです。

人の脳はすべてを覚えておくことはできません。むしろ、生存にかかわるほど重要なものや印象深い記憶以外は、取捨選択し忘れるべきものを忘れるようにできています。そうしないと凄まじい情報量を記憶することで、脳が体に蓄えているエネルギーをほとんど使ってしまいます。人の脳は、保有するエネルギーの20％を使います。それ以上使ってしまうと生命の維持が困難になってしまうため、忘れるようにできているのです。

忘れてしまいそうになる記憶を引き出したり定着させるためにはまず、目標を常に目の届くところへ貼っておくか、ノートやスマホのホーム画面の壁紙にするかして、いつでも見られる状態にしておきましょう。

ただ、いつも見ていることで弊害も出てきます。それは慣れです。見慣れてしまうと、景色と一体化してしまいます。「そういえばあるなぁ〜」くらいになってしまったら、もう、そこへ貼っておく意味がありません。

そうなってしまったら、再度気持ちを込めて書き直してみてください。そして別のよく目の届く場所へ貼ることです。

記憶（意識されるもの）は簡単に分けると「短期記憶」と「長期記憶」に分けられます。

・「短期記憶」は電話番号を聞いて、紙に書き写すまでに覚えている数秒〜数十秒の記憶
・「長期記憶」は短期記憶の中で有益な情報が無期限に脳に保存されている記憶

短期記憶を長期記憶にするためには、**『強烈な印象のあるもの』『脳が生命維持で重要だと認識したもの』『反復性』**の3つのポイントがあげられます。

たとえば、楽しい家族旅行、友だちとの珍道中、好きなアーティストのコンサートなどは忘れません。これが『強烈な印象のあるもの』で、ポジティブなワクワクやドキドキといった〈感情〉や〈興味〉がひもづいているからです。目標設定も、ポジティブな感情をひもづけたものであれば、思い出しやすくなります。

逆に、〈大人脳〉で考えて嫌々立てた目標は定着しません。嫌々な気持ちに気付いたら、目標を再度立て直してみましょう。

余談ですが、こんな話があります。その昔中国では、口頭による伝承の際は香りの強いお香を焚きながらおこなったそうです。記憶と香りをひもづかせて、その香りを嗅げば記憶を呼び覚ませるように。五感の聴覚だけでなく嗅覚を使って記憶したということです。

目標を立てるときに好きな香りのお香や香水、精油などを嗅ぎながらやってみるのもいいかもしれません。忘れたときに、その香りを嗅げば思い出せるでしょう。

また、勉強中に常に同じ香りを焚いておき、ハンカチへ同じ香りをしみこませておいて試験本番のときに嗅ぐことで気持ちを高めたり、勉強をやってきたという自信で落ち着く可能性もありそうです。やってみる価値はありそうです。

次に『脳が生命維持で重要だと認識したもの』については割愛し、『反復性』について。これはすべての受験生がおこなっている勉強法の1つです。年号や英単語をひたすら書いたり、空で暗記を「繰り返し」て記憶しています。

目標設定も、繰り返し認識することで忘れなくなります。

最初の目標設定は、確かに大事です。しかし、人はどうしても忘れたり、テンションが下がったりするものです。目標設定したから、はい、OK！　ではなく、アフターケアを心がけましょう。高校生くらいになると、自力でできることもありますが、自分のことなので気付き難い場合があります。そんなときこそ親御さんのサポートが必要です。

「馬にニンジン」ではないですが、テンションが下がってきたな、と見てとれたときは、未来のワクワク感、その子のテンションが上がること、〈子ども脳〉が喜ぶことを提示してあげてください。時間があれば、学校見学に連れて行くのもいいですし、写真や動画などインターネットを活用してみるのも手です。

ワンポイントアドバイス

目標を見失いかけたら、初心のワクワクを思い出させてあげよう

2つ目のツボ：アウトプットと見直しを繰り返す

ビジネスにおいて目標達成のために業務の効率化や最適化、継続的に改善をする手法があります。

Plan（目標・計画）
Do（実行）
Check（評価・確認）
Action（改善）

の頭文字を合わせたものでPDCAサイクルといいます。これは受験においても目標達成や学習のモチベーションを維持するのに効果的な手法です。

たとえばD君の場合。

「今日は宿題をやって、その後赤本をやろう」と「Plan」を立てる。
↓
実際に「Do」やってみる
↓
※「Plan」通りに終わらず宿題しかできなかった

この時間配分では終わらないと「Check」評価する
↓
ペース配分を練り直したりして「Action」改善した
↓

モチベーションが下がるのは※の部分です。結果のみにフォーカスして「できなかった」「どうせ俺なんて計画すらまともにやり遂げられないんだ」とネガティブな感情に囚われ、抜け出せない負のスパイラルに突入してしまうのです。

まずは、成功するには失敗は必要不可欠だと肝に銘じてプロセスにフォーカスしましょう。そうすれば次の工程の「Check」に意識が向きます。「どうして宿題しかできなかったのかな」「どうすれば計画していたところまで終えることができるのだろう」と改善しようとします。

それを繰り返すことが、目標達成への最短ルートを導き出すのです。

計画や目標も立てずに、毎日ただ言われたことや、目先の消化しなくてはならないことに囚われているようでは進歩はありません。やる気も起こりません。まずはやってみる。そしておおいに失敗し改善してみる。

計画を立てても気分が乗らない日もあるでしょう。「ちょっと気晴らしに漫画を読んでから」「メールをしてから」勉強しよう。そんなことは誰にでもあります。でも思い起こしてください。ちょっとだけのつもりが、ちょっとで終わらず気付けば2時間経っていた、なんてことが多々あると思います。そして自分を責める。自分はなんて意志の弱い人間なんだ、と。でも心配しないでください。みんながみんなそうです。大人でもそうなのですから、受験勉強中のお子さんはなおさらそういった状況に陥りやすいと思ってください。

実は脳の働きとして、一度始めると没頭するという特性があります。それを踏まえて、四の五の言わずにまずは鉛筆を持ってみる。問題集を広げてみる。思い浮かんだ英単語を言ってみる。とにかく「Do」やってみる。そうすれば没頭し始めます。あとは「Check」評価をして「Action」改善する。行動しなければ何も始まらないことを伝えましょう。

ワンポイントアドバイス

まずは鉛筆を持つことから。とっかかりは頭ではなく体を動かす

３つ目のツボ：手段が目的になっていないか確認する

教育の現場でも最近頻繁に話題に上がっている「手段の目的化」。目標を達成するための手段が、いつの間にか手段が上手くなることが目的になっていることがあります。

ＴＶの人気番組で出川哲朗さんが、番組からミッションを与えられ、つたない英語で現地の人に道を聞きながらゴール地点まで辿り着けるかどうか、というコーナーがあります。『ニューヨークで自由の女神をリポートせよ』というミッションに出川さんは「自由=Free、女神=Woman」と変換し「Do you know Free-Woman?」と破天荒な英語で道行く人に尋ねます。文法はメチャクチャで、単に直訳の単語を並べるだけ。発音もジャパニーズイングリッシュです。まさに出川English炸裂です（ちなみに自由の女神は『the Statue of Liberty』です）。

ここでの「目的・目標」は〝ニューヨークで自由の女神をリポートせよ〟です。「手段」は英語を使って現地の人にそこまでの行き方を教えてもらう、です。

もしここで出川さんが間違えない英語を話そうとしたり、発音にこだわったりしたら、一向に目的を果たせなくなるでしょう。手段にばかり目が向いてしまっているからです。間違えることは正しくない、正解ではない、という思考になると、緊張してそもそも英語で話しかけられなくなります。

出川さんは、果敢にもつたない英語や身振り手振りのジェスチャーでミッションをクリアします。**手段が目的になっておらず、本来の目的・目標が明確になっているから**です。自由の女神のある場所にさえ行ければ、手段は何でもいいのです。もちろん、英語で道行く人に尋ねるのも1つの手段ですし、他にも書店でニューヨークの地図を購入し、現在地さえわかれば（今いる通りの名前さえわかれば）、英語で話しかけずとも辿り着けるかもしれません。

目的・目標に辿り着くための手段は1つとは限らないのです。

「手段」に囚われると、人はやる気が落ちます。モチベーションが維持できなくなります。常に、「目標」は何なのか。手に入れたい、欲しい感情や欲求は何なのかを明確にすることが大事です。

ワンポイントアドバイス

目標達成の手段ばかりに囚われていないか、今一度見直そう

Step 03

③受験勉強を阻害する5つの壁

受験勉強を進めていくうちに、みんながみんな必ずぶち当たるものがあります。

そう、それは「壁」です。

スランプに陥る、点数が伸び悩む、そもそもやる気が起きない……。ほぼみんなが通る道なので、壁に激突することは悪いとか、そんなことはありません。当たってはいけないものでもありません。

重要なのは、そのときどう対処するかです。受験にはタイムリミットがあります。立ち止まっているヒマなどありません。待っていれば壁が勝手に崩れ落ちることもありません。

このステップでは、必ずぶち当たるであろう壁や自分で壁を作り出している原因「メンタルブロック（ネガティブな思考やクセ）」について理解を深めます。

第1の壁：ちっぽけなプライド

プライドというと、みなさんどんなイメージを持ちますか？

・仕事や特技、育児にプライドを持つ

・自分のプライドにかけて、最後までやり抜く

このようなプライドは「誇り」「自尊心」という意味で使われています。絶対に譲れない信条とか、自分らしさの基となっているものです。プライドを持って誇り高く生きることは、人として目指す生き方かもしれません。

しかしプライドには「ちっぽけなプライド」ともいわれるように、捨ててもいいプライドがあります。「自惚《うぬぼ》れ」「傲慢」「虚栄心」といわれるものです。

ご自身のお子さんは、生まれてからせいぜい10〜20年そこらだと思います。自尊心というのは、一朝一夕で確立できるものではありません。今お子さんがプライドと思っているものは、まだまだ「ちっぽけなプライド」でそれは受験勉強の妨げになり得ます。捨てていいプライドなのでしがみつかず、どんどん捨てていけるようアドバイスしましょう。

では、「ちっぽけなプライド」を持っている人の特徴はどんなものがあるでしょうか。

［1］自分が相手より優位に立とうとしてマウントを取りたがる

負けず嫌いで自分が一番でいたいタイプ。人との関係を勝ち負けで考えているため、自分の非を認められず弱さをさらけ出せない。常に優劣で判断しているので人を認める＝自分の負けと感じ、相手を認められない、けなすなどの傾向があります。また、自分の意見が一番正しいと思っているので主張を曲げない、押し通そうとします。

［2］完璧主義で柔軟性に乏しい

隅々まで高い精度を追求し、きっちりやるべきことをこなすという良い側面もありますが、自分の価値を落とさないために、自分のミスを指摘されたくないからやっている場合があります。人からの高い評価を得るために0％か100％、白か黒、良いか悪いかの二択の思考が強い傾向にあります。自分が100％正しいと思っているため、途中で方向転換することが困難。変えること＝自分を否定することと考えるため、微調整がとても苦手。

［3］自意識過剰で悲劇のヒロイン体質

人の評価を得ることが自分の価値を高めると思っているので、人からどう思われているのかを強く意識します。また、弱みを見せられません。人を基本的に敵視しているため、ちょっとした指摘に傷つきます。いじられるのもバカにされていると思い、不機嫌になります。

【4】言い訳や自慢をよくする

完璧主義で失敗を恐れることから、先に失敗してもいい理由や言い訳を考えて事前に吹聴します。たとえば全然勉強していない、体の調子が悪い、ショックな出来事があったなど。失敗を避けるあまり危険だと思うチャレンジはしません。また、人からの評価を得るために、自分がいかにすごいかを自慢しがちです。

【5】自分にも人にも厳しい

100％の完璧を求めるため自分にも厳しいですが、それを人にも求め押しつけます。特に自分よりも年下の相手に対しては、コントロールしようとする気持ちが強くなるので要求度が上がります。ちょっとしたミスでも「こんなこともできないのか！」と思いっきり顔に出したり、イライラしたり怒りだしたりします。また、人にも自分にも厳しいため、自分の弱さを出せず、親友と呼べる友だちがいません。

ソフトバンクの孫正義代表は、ビジネスの意思決定上で「ファーストチェス理論」という理論を使っているそうです。その理論は、かかる時間が約5秒といわれる直感で決めたチェスの一手は、30分熟考して決めた一手と86％同じ。どんなに時間をかけようがメリットが51％でデメリットが49％あるというものです。

完璧主義の人は１００％の正解を出そうとするあまり、決めることに時間をかけがちです。また、どちらの方が正しいのか間違っていないか、１００％の正答率を出そうとするあまり失敗を恐れ、あまり行動をしません。でも、実はどの選択肢も、直感で選ぼうが熟考しようが最終的には同じ行動をしているのです。メリットもデメリットも変わらないのであれば、早く決定して行動した方がたくさんの経験値を積むことができます。

完璧を求めがちな人は、迷ったときこそ「ファーストチェス理論」を思い出すといいでしょう。そして失敗を回避して何もしないことこそ、大きな失敗だと心しておくことです。

ワンポイントアドバイス

「1」〜「5」の特徴の中でお子さんの身に覚えがある場合は、捨てていい「ちっぽけなプライド」があるかもしれない、と思ってください。まずはその壁に気付くことが大切です。

そして、本来の目標にフォーカスしそれを達成するためには「今何をすればいいのか」をお子さんと一緒に考え、行動を促しましょう。

第2の壁：変わることへの恐怖心

人は誰しも大なり小なり、変わることへの抵抗や緊張、不安を抱いたりするものです。なぜなら脳の働き自体がそう反応するようにできているからです。

太古の昔。僕たち人間の最優先事項は何だったと思いますか？　ズバリ「死なないこと」「生きること」「子孫を残すこと」。

狩猟採取を糧として生活していた太古の昔。それは何万年と続いた時代。移動することで

・いつ危険な動物と遭遇するかわからない
・移動先に木の実や動物など、豊富な食糧があるとは限らない
・死に至るケガをするかもしれない

というリスクが高まります。

・危険な動物と遭遇しなかった、今、この場所
・今、生きるのに必要な食糧がある、この場所
・死に至るケガをしなかった、今日、この場所

今、自分や仲間たちが生きているこの場所が１００％安全、ということになるのです。安

全であれば、人間の最優先事項である「死なないこと」「生きること」「子孫を残すこと」を達成できる、という訳です。

人間の脳は「変化すること＝リスクが高まる＝危険」と何万年も継続して学習してきました。だから変化を嫌います。このことを「恒常性（ホメオスタシス）＝現状を維持しようとする機能」と呼び、誰もが持ち合わせている脳（心）の働きです。

ここで重要なポイントがあります。

「変化＝危険」と脳が判断しているということは、もちろんリスクのある変化も危険と判断しますが、良くなるであろう変化、メリットのある変化にも脳は危険と判断するということです。

「良い」も「悪い」も脳にとっては関係なく「変化」するかしないかで判断する、ということをしっかりと認識しましょう。

・受験生になるという変化
・受験勉強をするという変化
・勉強法を改善して新しいやり方をするという変化
・初めての試験会場へ移動するという変化

・いつもと違う会場で模試を受ける変化
・初めて会う子たちに囲まれて受ける試験という変化
受験は「変化」だらけです。それに対して脳（心）は、危険シグナルを出し続けることでしょう。

ワンポイントアドバイス

脳は変化を嫌う働きを持っている、ということを理解しましょう。同じ変化を繰り返すことで定着し、変化ではなくなります。

また、変化をすることとドキドキやワクワクの「好き」とか「快」というプラスの感情をひもづけることで、「変化＝危険」ではなく「変化＝楽しい」の書き換えができることを知っておきましょう。その方法についてはＳｔｅｐ04‐②で詳しく解説していきます。

第3の壁：「でも」「だって」の言い訳

第1の壁「ちっぽけなプライド」でも触れたように、完璧主義で失敗を恐れる人はまず先に、失敗してもいい理由や言い訳を考えて吹聴します。「それはしょうがないよね」と相手が納得する理由をあらかじめ話すことで、失敗しても自分の価値を下げないように布石を打つのです。

言い訳をする要因として、ちっぽけなプライドだけでなく、自信のなさからそういった発言をする場合があります。自分に自信がないため「どうせ無理」「でも、だって」と言い訳をして行動ができません。自信がない↓行動しない↓経験できない↓失敗もなければ成功もない↓また自信がなくなる、という負のスパイラルに陥りやすくなります。

では、そもそも自信があるというのはどういった状態でしょうか。

自信という言葉を辞書で引くと、次のような記載があります。「自分の才能・価値を信ずること」。

つまり、文字の通り「自分自身を信じることのできる心がある」ということです。具体的には、周りの評価などに振り回されることなく、自分を信じて堂々とした振る舞いができるという状態です。

逆に自信がない状態というのは

・周りの意見に振り回される

・自分の意見を言えない（怒られたりダメ出しされたりし続けている子）

・やりたいことができない、やろうとしない（失敗を恐れている子）
・言われたことしかできず指示待ち（親御さんや先生などの大人に「これをして！あれをして！」といつも先回りで指示を出されている子）
・相手によって態度が変わる

などがあげられます。

他にも、常に誰かと比較をしていて、勝ちか負け、価値があるかないかという基準しかない子もそうです。「私はあの子よりもモテる」「このクラスの中で俺が一番頭が良い」などです。

何か気付くことはありませんか？　そうです、ちっぽけなプライドと同じ特徴です。

「（ちっぽけな）プライドが高い」＝「自信がない」のです。

つまり、自惚れや虚栄といったものは自信があるように見えてその実、自信のなさの裏返しだということがわかると思います。

自信がある、ということは、本来どんな状況であろうと揺るぎないものです。どんな状況でも自分にはできる！　やれる！　と思う心なので、周りと比較して優越感に浸ったり、比較の中でしか自分の価値を見いだせないのは、本当の自信ではありません。

ワンポイントアドバイス

一番になることや成功が自信につながるとは限りません。結果のみにフォーカスするのではなく、それに至るプロセス、自分の成長、変化に自分自身が気付くことで自信は得られます。

少し視野を広めてお話ししますが、日本の教育制度はミスが許されず、100点を基準にして点数を引いていく減点方式の評価法です。そのため、学習において日本人は自信がない子が大半だといわれています。特に受験期において、もともと自信がない子がますます自信を無くしていく環境といえます。

自信の強化は誰にでも、どの子にも、僕にとっても必要な部分だと感じているので、Step04-⑥で詳しく解説していきます。

第4の壁：マイナスの信じ込み

友だちと9時に待ち合わせをすることになりました。さて、みなさんは何時に待ち合わせ場所へ行きますか？

8時40分？　50分？　もしくは55分や9時過ぎ、なんて人もいるかもしれません。

〈Tさんの場合〉

Tさんの到着は8時30分です。Tさんはいつも待ち合わせ時間の30分前には到着していま す。お母さんが心配性で、いつも集合時間の大分前に到着するように言われていたことが影響していたのもありますが、昔Tさんが出かけた後に忘れ物に気付いて引き返し、遅刻。いつも早めに到着し、余裕しゃくしゃくでみんなを迎え待つ優等生タイプの彼女から一転、初めての遅刻と余裕のなさで道中転倒し、赤面の体験をしたのでした。その事は大きな失敗としてTさんの記憶に鮮明に残っています。

それからも、出かける間際に鍵がない、宅配便が到着する、電話がかかってくる……。その度に「やっぱり思った通りだ。出かける直前にいつも絶対何か起こる。だから早く出なければ、また失敗するに決まっている」と思うようになりました。

〈Mさんの場合〉

Mさんは中学の修学旅行当日、寝坊をしました。Mさんはクラスの点呼をしなければならない学級委員でした。一瞬心臓は止まり（正確には止まったような感覚だったようですが）、頭は真っ白、そのうちガクガクと震え呼吸も荒くなりました。時計を再度見ると、今から親に車で送ってもらえば何とか間に合う時間。そう思ったMさんは力の入らない体に鞭打って何とか学校へ行きました。

校庭では自分以外の同級生全員が座って、静かに先生の話を聞いています。Mさんを見かけた担任の先生は「お前なぁ、学級委員なんだから遅刻なんてするなよ」と一言。

Mさんはこんな大事な日に大遅刻をしたのに延々怒られるということもなく、その上、定刻通りにみんなが出発できたことを結果オーライと捉えました。それ以降のMさんの集合時刻は待ち合わせ5分前です。5分も前に到着できれば上々でした。

この2つは、同じ遅刻をしてしまったというエピソードです。同じ経験ですが、Mさんは遅刻したものの、結果としてその体験をポジティブに捉えています。

対してTさんは遅刻をネガティブに捉え、以降に起こる突発的な出来事をすべて失敗につながるものとして、繰り返し自分に刷り込んでいます。

鍵がなかったり、宅配便が来たり、電話がかかってきたり、ということは、毎日続けて起こる訳ではありません。何ヶ月かという期間の中で、誰にでも起こり得ることです。しかしTさんは出かける直前の突発的な事柄にフォーカスするあまり、その事柄と事柄の時間的な空きをぐぐぐーっと脳内で縮め、短期間で頻繁に続いているように感じています。

「早く出ないとどうせまた失敗する」「いつも出かける間際はこうだ」だから早く家を出な

ければ……。

Tさんの中では集合時間5分前到着も失敗です。20〜30分の余裕がないとダメ。少しでもその余裕の時間を過ぎる見通しになると、慌てふためきます。パニックに陥り、頭が真っ白になります。パニックの感情に飲まれて注意力が散漫になり、また失敗をする。そして、やっぱり早く出なかったからダメなんだと、負の思い込みを強化していきます。

失敗したから家を早く出る、は改善策として正解だと思います。しかし彼女は早く着けば失敗しない、というマイナスの思い込みをしていますが、実はそうではなく、自分の設定した時間を過ぎたり予想外の出来事に遭遇したときに、パニックにならない方法を知ることが一番の改善策なのです。

そもそも余裕を持って行動しているので、何かあったときでも十分間に合うはずなのですから。

ワンポイントアドバイス

マイナスの信じ込みは、自分自身の選択肢を狭めるばかりか、悪い結果を引き寄せます。

自分に負のおまじないをかけていることに気付いたら、「それって本当にそうなのか？」と自分自身に問いかけてみます。思い込みやマイナスの信じ込みを疑うクセをつけましょう。そして、マイナスの信じ込みを見つけたら「きっとこうなる！」と、ポジティブな信じ込みへ塗り替えをしていきましょう。

第5の壁：家族からのレッテル

第4の壁は、自分自身による自分自身へのマイナスの刷り込みで生まれる壁でした。第5の壁は、家族からのマイナスの刷り込み・レッテルです。

家族、特に親御さんのマイナスの価値観やネガティブな言葉がけ、やってはいけないなどの禁止事項が繰り返されることで刷り込まれ、それが子どもの価値観となってしまうのです。

自分は何でもできるんだ！　というポジティブな思いや自己肯定感を高める言葉がけは、

子どもの成長やメンタルの強化に欠かせないものです。しかし、ネガティブなものは一切必要のないもの。気持ちを強く持ってもらうために**敢えて子どもを否定する言葉がけは百害あって一利なし**。

もし、お子さんをいつも否定している、ネガティブな言葉がけをしていると気付いたのなら、そこからは良くなる一方だと思いましょう。親は親、子は子と割り切ることが肝心です。

それでは、一体どういった言葉がけが禁止事項となって子どもの成長を阻害するのか、詳しく見ていきましょう。

▽あなたなんて生まれてこなければよかった。そんな悪い事をする子は家の子じゃありません（存在の否定）

▽男の子なんだからもっとしっかりしなさい。男らしくしなさい。そんなんじゃ女の子と同じよ（あるべき姿の押しつけ）

▽（弟・妹ができて）もうお兄ちゃんになったんだからしっかりしなさい（子どもでいてはいけない）

▽危ないからそんなことをやってはいけません（成長の機会を奪う）

▽どうせあんたにできっこない（成功できない人間だとの刷り込み）

▽家のことをとやかく言う権利はあなたにはない（大した人間ではないというメッセージ）

▽代わりにやってあげる。触らないで！　やらないで！（無力の刷り込み）
▽あんな乱暴な子と付き合ってはいけません（選べない、属してはいけない）
▽すぐ風邪をひくあなたは体力がない（病弱、健康ではない）
▽病気にならないと気にしない、放っておく（健康でいてはいけない）
▽考えてないでさっさと返事する！　言われたことを言われた通りやればいい（思考の禁止）
▽うるさい、黙れ、静かにしろ（感情を出してはいけない）
▽いいわね、あなたはいつも楽しそうで（楽しさの禁止、罪悪感を持たせる）

どうだったでしょうか？　どれか1つか2つは誰でも口走ったことのある、もしくはご自身が言われたことのあるセリフだと思います。

突発的に言ってしまうのは仕方のないことですが、同じことを何度も何度も繰り返し言うことで、お子さんにマイナスの刷り込みをしてしまいます。レッテルです。一度貼られたレッテルはなかなか気付きづらく、根深いのです。ですが、ポジティブに書き換えることは可能です。

ワンポイントアドバイス

家族からのレッテルは、早い段階で気付くことができればポジティブな書き換えをしやすくなります。

レッテルの種類は色々ありますが、どれも自己肯定感を下げるものです。自分はできない、やる価値のない人間、いてはいけない人間、という思いはすべての成長を妨げます。1つずつお子さんに貼っている（もしくはご自身にも貼られた）レッテルに気付き、ポジティブな書き換えをしましょう。お子さん自身や親御さんから、何度もポジティブな言葉がけをし、刷り込み直すことが重要です。

5つの壁を5段階で表した場合、どの壁がお子さんにとって一番分厚いものなのかを探ってみましょう。それが見つかったら、目標設定や受験勉強のマイナス要因になっていないかチェックをしてみます。

たとえばプライドが高いと、人と比較することに執着するあまり、自分本来の欲しい感情に気付けず間違った目標設定をしているかもしれません。

変化を嫌うあまり、高い目標やチャレンジなどの攻めの目標ではなく現状維持で守りの目標設定をしているかもしれません。

言い訳ばかりして、目標に近付く行動をしていないかもしれませんし、マイナスの信じ込みや家族からのレッテルで、自分の選択肢を知らず知らずのうちに狭めているかもしれません。

まずは、気付くことから始めましょう。

Step 04

僕・私の取り扱い説明書（トリセツ）、受験のためのメンタルコントロール術

Step 04

①本番で陥る緊張5つの正体

みなさんは、緊張することを「悪いこと」と捉えていませんか？

あるいは失敗の原因となるもの、失敗を導くもの、と考えていないでしょうか？

もしくはメンタル（心）の弱さから緊張が発生する、と思っているかもしれません。

緊張で体がこわばったり、頭が真っ白になったり、「ヤバい」が延々と頭の中をループしたり、じっとり汗をかいたり、心臓がドキドキしたり……。そうなったら最後、時が経って緊張が消え去るまでじっと耐えるしかないもの、どうにもできないものと考えていませんか？　そして、どうにもできないから怖いもの、と感じていませんか？

実はそうではありません。

緊張は悪いことでも、失敗を導くものでも、メンタルの弱さから生まれるものでもないのです。驚かれるかもしれませんが、緊張は暴走する手に負えない暴れ馬のような怖いものではなく、きちんとトレーニングさえすれば上手く手綱を引いてコントロールできるものなのです。

では、緊張とはそもそも何なのか。どうして体がこわばったり、手に汗をかいたり、心臓がドキドキしたりするのでしょう。

簡単に言ってしまうと人間が人間に進化する前、動物だった頃の名残です。身を守るために、戦うために、命を守るために必要な反応が今でも残っている、ということなのです。

・緊張でじっとり手に汗をかく→手が乾いていたら木や岩にのぼりにくいですよね。湿っていれば吸着して木や岩にのぼりやすくなります。鉄棒で逆上がりをするとき、登り棒にのぼるときのことを思い出すとよくわかると思います

・体がこわばる、固まる、縮こまる→筋肉を硬直させることで、体を鎧に見立てて防御をしようとしているのです。ボクサーが劣勢になってパンチを浴びているとき、体を縮めて丸くしていますね

・心臓がドキドキする→血液を全身に送るポンプ役の心臓が大きく激しく鼓動することで、戦闘モードに入りやすくするため、もしくは全速力で敵から逃げるために酸素を全身に巡らせているのです

・ソワソワする→危険を察知して、いち早くその場から逃げるために警戒している状態。もしくは敵の動きに応じて、すぐに身動きができるように瞬時に対応するため

・鳥肌が立つ→毛を逆立てて見た目を大きくし強そうに見せます。相手を威嚇するため

の反応です

・頭が真っ白になる↓目の前の敵に集中して、雑念がない状態です。人前に立って緊張で頭が真っ白になりセリフが出てこない、というのは本人にとってはよろしくない状態ですが、動物だった頃であれば敵に集中している望ましい状態なのです

いかがでしょうか？

はるか昔、人間に進化する前の動物だった頃、毎日は危険と隣り合わせでした。いつ何時《なんどき》襲ってくるかもしれない敵や危険といった恐怖から、生き抜くために培われた身体反応、それが緊張の正体です。

つまり緊張は「あって当たり前」の反応だということです。

しかし僕たちは進化し人間になりました。現代の人間の生活で（特に日本のような先進国といわれる国において）、物陰から猛獣が飛び出して来るかもしれないとか、毒蛇に噛まれるなどの大怪我をして命を落とすとか、そういった生きるか死ぬかのサバイバル生活は送っていないと思います。

それなのにどうして緊張するのでしょう。どういった恐怖に身体が反応しているのでしょうか。

人間は高度な社会生活を営んできました。集落を作り、お互い助け合って生きてきたのです。たった1人では子孫も残せませんし、1人では危険から生き延びる確率が低くなってしまいます。たった1人では太刀打ちできない敵から身を守るために、人間は仲間という集団を作って生きるようになりました。それが社会です。

人間は何かしらの集団に属することで安心を得ます。しかし、集団からつまはじきにされる、村八分にあったらどうでしょうか。恐怖を感じるはずです。

そうです、人間が緊張する恐怖の対象は「孤立」なのです。

動物だった頃、恐怖の対象は命を脅かす敵という目に見えるカタチで表れていました。しかし現代では、それは目に見えるものとは限りません。恐怖を感じることで緊張という名の身体反応が表れる、という仕組みは大昔も今でも変わりません。しかし、緊張の原因は決して1つではなく、多岐にわたります。

まずはお子さんが何に対して恐怖や不安を抱くのか、その正体を探りましょう。

次のページには緊張の正体を知るチェックシートを掲載しています。シートに沿って回答し、緊張のパターンを確認してみましょう。

緊張の正体を知るチェックシート

表右側の白枠内に、各問いで当てはまるものに✓を入れてください。最後に✓の数を列ごとに合計します。一番多かったものが最も強い緊張のパターンとなります。

1	周りからの評価がつい気になってしまう					
2	親があまり褒めてくれない					
3	大勢の前で恥をかいたことがある					
4	能天気で楽観的な方だ					
5	たくさん人が集まるところが苦手					
6	人から「すごい」などと称賛されるのが好き					
7	立場や肩書が上の人が苦手					
8	人前で怒られた経験がある					
9	アドリブは苦手					
10	初対面では自分から話しかけられない					
11	完璧主義もしくは完璧を追求しがち					
12	褒められ下手で素直に喜べない					
13	過去の出来事をくよくよ引きずるほうだ					
14	アクシデントには柔軟に対応できない					
15	初めての場所に1人で行くのは苦手					
16	失敗は恥ずかしいことだ					
17	人から褒められたいと強く思う					
18	同じ失敗を繰り返すことが多い					
19	徹底して準備しないと不安					
20	クラス替えなどは慣れるまで時間がかかる					

21	プロセスより結果がすべて					
22	学歴にコンプレックスがある					
23	幼少期の嫌な思い出を覚えている					
24	予定が変更されるとヒヤヒヤする					
25	今までやったことのないことはしたくない					
26	人によく見られるための努力は惜しまない					
27	外見に自信がない					
28	前のことが気に病んで仕方ないときがある					
29	目標を立ててもほとんど達成できない					
30	いつも同じ友だちと遊ぶことが多い					
31	意見が合わず人と対立することがよくある					
32	自分の方が劣っていると感じることが多い					
33	昔から人前に出るのが苦手					
34	やらなきゃいけないことを先延ばしにしがち					
35	決まったお店に行くことが多い					
36	自分よりできるヤツを見ると凹む					
37	なかなか自信が持てない					
38	過去のことでドキドキしたりすることがある					
39	「ま、いっか」で済ませることが多い					
40	遠足や旅行前に体調を崩したことがある					
	合計					
	パターン	1	2	3	4	5
	各パターンの解説ページはこちら→	p.136	p.139	p.141	p.143	p.145
	各パターンのコントロール法はこちら→	p.154	p.157	p.161	p.164	p.167

さて、どんな結果が出たでしょうか。

パターンの1つだけが抜きん出ている子もいれば、いくつものパターンを併せ持つ子もいます。人生経験がまだ浅いお子さんにはあまりありませんが、大人ではすべてに当てはまるという方もいます。

ではここからは、5つの緊張の正体を細かく見ていきましょう。

《1》緊張が人からの評価に端を発しているパターン

・ダメな奴と思われているのではないか
・完璧じゃないといる意味がない
・自分も人もささいなミスが許せない
・人より優位に立ちたい、良く思われたい
・人前で失敗するなんてありえない

と考えています。とにかく、人の評価が気になって仕方がない人です。これはStep03-③5つの壁の〈ちっぽけなプライド〉と同じものです。〈ちっぽけなプライド〉は、壁にも緊張の原因にもなります。

ここでは、この特徴を持つ人を【マウント型】と名付けることにしましょう。

この【マウント型】は、誇りという意味での本当のプライドは持っていません。むしろ、コンプレックスを隠すために偽のプライドという名の鎧を着ているだけに過ぎません。

屈強な戦士を思い浮かべるとわかりやすいかもしれません。トレーニングで鍛えられた身体は、ちょっと押されてもぐらつくことがありません。体当たりされても倒れることなく、素手で跳ね返すこともできます。ドラゴンボールの孫悟空のような感じです。

対して、屈強な身体を持っていないのに強く見せるために、いかにも強そうな鎧を身につけ虚勢を張っている戦士がいるとします。ドラゴンボールでいうところの変身するウーロンでしょうか。

ウーロンの登場シーンはこうです。村の女の子を自分の嫁にするために、恐ろしい鬼に変身して村人を脅し、見た目に恐れおののいた村人はウーロンの指示に従って女の子を差し出します。しかし、鬼に変身したものの、力も鬼並みに変わることはないため、悟空がちょっと叩いただけで降参してしまいます。中身は大したことがない証拠です。

悟空の鍛えられた肉体、ぶれない体幹を誇りという意味でのプライド、ウーロンの変身した姿（体を覆う鎧）を〈ちっぽけなプライド〉に置き換えてみてください。自分軸（体幹）がしっかりしている悟空は外からの攻撃に対して、ぶれることなく応戦します。しかし、ウーロンは見た目だけの偽物の鎧を身につけているだけなので、ほんのちょっとの外からの攻撃（プレッシャー）にすぐ倒れてしまいます。

本当のプライドと偽のプライドの違いが、なんとなくわかったでしょうか。

この偽のプライドを持つ【マウント型】の子は、両親からあまり褒められずに育った子、条件付きで愛されてきた子が多く当てはまる傾向にあります。特に第一子は期待するあまり、もしくは長男だから厳しく育てた、ということが日本では多々あると思います。親御さんご自身も、親から褒められずに育ったから子どもにもそうしている、ということもあるかもしれません。

しかし、子どもに限らず人間は認められたい生き物です。承認欲求という欲求を誰しも持っています。親から褒められないと自己肯定感が育ちません。自分はこれでいいんだ、ありのままで存在していいのだという感覚を失い、その満たされない思いを他者からの評価で埋めようとするのです。

中には人の評価は関係なく、完璧主義で自分で自分のハードルを高くし過ぎる子もいます。常に満足せず、職人気質でストイックに上を目指す子。そういった子も、裏を返せば自分を肯定できない子になるのだと思います。

《2》緊張が劣等感に端を発しているパターン

・私はあの子より可愛くない、美人じゃない
・どうせアイツのほうが成績は良いし、レベルの高い学校出てるし
・うちは貧乏だから塾に行けない、お金さえあれば塾へ行けたのに
・デブだから
・とてもそんなことできる器じゃない

このようにとにかく、自分に自信が持てないのが特徴です。Step03-③5つの壁の〈「でも」「だって」の言い訳〉と同じです。一番わかりやすいのは、外見に対する劣等感。つまりコンプレックスです。ここでは【ディスカウント型】と表記します。

容姿に関して例をあげれば、鼻が低い高い、目が細い、ギョロ目、おでこが広い狭い、耳が大きい小さい、エラがはっている、などなど。読んでわかるように、鼻が低いのがコンプレックスだと思っている人もいれば、反対に鼻が高い、鷲鼻などをコンプレックスだと思っている人もいます。まだまだあります。ぽっちゃりしている、背が高い低い、足がデカい、小さいなどもコンプレックスの要因としてあげられます。

容姿や体形の好み（良し悪し）は人それぞれです。しかし【ディスカウント型】の人は、

自分自身でこうあるべき、こうじゃないと可愛くない、格好良くないと決めつけて自分を否定します。

他にも学歴や家柄、片親しかいないなどの家庭環境の違いに劣等感を抱く子もいます。

こういった【ディスカウント型】の子のほとんどは親に褒められなかった、もしくは過保護に育てられた傾向にあります。先ほどの【マウント型】同様、親に褒められない、褒めるどころかできないところだけ指摘される、ダメ出しされることで、どんどん自信がなくなっていきます。

確かに、できないことのほうが目につきやすいです。勉強においても、できないことをできるようにすることは成長の1つだと思います。しかし、こと自信については褒めたり、過剰に褒めなくとも◯◯ができたね、と認めること、本人に気付かせること「だけが」自信につながるのです。

今までの日本の教育は減点方式です。減点方式とは「物事の判断や評価において、悪い点・失敗などの要素に応じて点数を差し引いていく方法」です。100点から失敗する度に点数が引かれるという方式の中で100点を目指す。つまりミスが許されない、リスクをおかせないという教育です。だから、日本人は根本的に自信がないといわれています。

減点方式に対して、加点方式があります。「物事の判定や評価において、良い点や優れた点などを点数として積み上げていく方法」で、0点スタートで100点を目指すので、できたことにフォーカスされます。みんな0点スタートだからミスを恐れずチャレンジもできます。初めてのことはできないことが当たり前という考え方だからです。

親や先生などの身近な大人から褒められずに育った子は、【マウント型】【ディスカウント型】両方を併発しやすく、その数は非常に多いといわれています。

次に【ディスカウント型】になる要因として、親がすべてをやってしまって過保護に育てられたから、ということがあげられます。

危ないからやっちゃダメ、やるのが遅いから待ちきれなくて親がやってしまう、間違えているから手を出す、先読みして子どもが頼んでもいないのに手助けしてしまう、といったように本人の経験の場所を親が奪ってしまうのです。親がいなければ何もできない、わからない、いつまで経っても親の手助けが必要となれば自信がなくなるのも無理はありません。

《3》緊張がトラウマに端を発しているパターン

・過去に人前で大失敗して笑われた

・顔面から火が出るくらい恥ずかしい思いをした

などのように、過去のたった一度の強烈な失敗体験を引きずり、まだ起こってもいないのにまた同じ失敗をするのではと怯え緊張してしまいます。Ｓｔｅｐ03-③〈マイナスの信じ込み〉や〈家族からのレッテル〉も関係する要因かと思います。

トラウマとは「心的外傷」という意味の言葉で、外的内的要因による肉体的及び精神的な衝撃を受けた事で、長い間それにとらわれてしまう状態です。また、否定的な影響を持っていることを指すとされています。帰還兵などがかかるＰＴＳＤ（心的外傷後ストレス障害）とはまた別になりますので、分けて考えましょう。

つまりここでのタイプは精神的にショックを受け、そのショックを受けたのと似た場面・状況になるとそれを思い出して緊張してしまう心の状態です。ここでは、【フラッシュバック型】としましょう。

【フラッシュバック型】は、先ほど過去のたった一度の出来事から発生すると書きましたが、繰り返し失敗してトラウマになるということもあります。「だからあなたはダメなのよ」などと、親から幾度も同じ叱責をされてなる場合もあることから、〈家族からのレッテル〉〈マイナスの信じ込み〉も関係しています。

また、トラウマは幼児期や思春期だけではなく、年齢に関係なく発生します。今後のためにもお子さん自身が理解を深めることに損はないでしょう。

【フラッシュバック型】の緊張に陥る子は、ほとんどが真面目な子です。ショックを受けた場面での心の動きはこうです。

「私がもっと上手にできていれば笑われなかった」「自分のミスのせいでみんなに迷惑をかけてしまった。僕が悪いんだ」

人によっては同じ状況でも「笑われちゃったー」「怒られちゃったー」とケロっとする子もいます。要はその出来事の大きさは関係なく、その子が真面目だったり責任感が強いあまり、深刻な捉え方をしてしまうことによるのです。

《4》緊張が準備不足に端を発しているパターン

・授業の発表・プレゼンまでにしなければならない準備が間に合わなかった
・試験当日大雪で電車が止まってしまって会場に遅刻した
・部活で突然代打を頼まれた

こういった予期せぬ状況、または予期しつつもできなかったときに緊張が引き起こされるパターンです。

今までの「マウント型」「ディスカウント型」「フラッシュバック型」の緊張は、緊張を起こす本人の経験や性格などに左右されていましたが、この準備不足からくる【めくら滅法型】は誰にでも起こり得ることです。

【めくら滅法型】は大きく3つに分けられます。

[1] 時間が十分あったのに、結局やらずに本番で焦る自業自得タイプ

このタイプは「まぁ、なんとかなるっしょ！」と、のんびり構えて先延ばしにしがちです。能天気で良くいえばポジティブです。しかし、実際は予想外の出来事が起こり気持ちは焦る一方、物理的にどうにもならなくなったことで緊張が引き起こされます。

ただ、そのとき「できなかったんだからしょうがないじゃん」と開き直って緊張しないより、焦って緊張したほうが人との信頼関係を築く上ではよっぽどマシです。

[2] 準備はしていたが、予想外のハプニングで準備を活かせないタイプ

試験当日、しっかり準備はしていたのに、当日電車の遅延で試験会場に遅刻。遅延証明のもらい忘れでパニックになり、試験どころではなくなってしまった。試験会場のトイレが激混みで、試験時間に遅れた、もしくはトイレを我慢してしまって試験が散々になってしまった、などです。

［1］のタイプは自分でやろうと思えばできたことをしなかったために緊張を引き起こす事態となるのですが、この［2］のタイプは自分ではどうにもできないこと（天候や人、環境）に翻弄されて緊張を引き起こします。

［3］緊張あるある、突然の不意打ちに頭が真っ白になるタイプ

このタイプは、あまり受験勉強中に遭遇することはないかもしれませんが、長い人生の中で時として十分起こる可能性のある出来事です。誰かの代打や代理を頼まれるといった、自分は何の準備もできず覚悟もできずに突発的かつ即興でやらなければならない状況に緊張が引き起こされます。

これは自分でどうにもできないという、コントロール感の喪失が起因しています。こうなるかもしれないという予測をはるかに上回るからです。だからといって、色んな予測を立て、あらゆるパターンを想定するべきということではありません。

《5》緊張が未知の経験に端を発しているパターン

・入学やクラス替えで周りが初対面の子ばかりで緊張をする

・受験で新幹線に乗る際、新幹線は1つの改札かと思ったら東海道線や上越線など路線によって違っていたため緊張してパニックになってしまった
・入試で初めて1人でホテルに泊まったので緊張して眠れなかった
この【未知との遭遇型】による緊張は、人間が本来備えている本能から引き起こされています。

Step03-③〈変わることへの恐怖心〉でお伝えした通り、人には元来、恒常性（ホメオスタシス）という現状を維持しようとする脳（心）の働きがあり、これは誰もが持ち合わせているものです。なぜなら、生活の場を変える、変化するということは死活問題にかかわり、生きていく上でとてもリスクが高いからです。

未知の経験は、人間の脳（心）にとってはハイリスクそのものです。行ったことのない場所に食料を探しに行く場合、どんな敵が現れるかもしれない恐怖・不安に緊張し警戒します。とはいっても、新しい場所や初対面の人に対して警戒して緊張する人もいれば、新しい場所や人に対して一体どんな場所だろう、どんな人なんだろう、とワクワクする人もいます。

前者の警戒心から緊張を引き起こす人は、石橋を叩いても渡らない、もしくは叩いて叩いてやっと渡るような保守的な性格の持ち主に多いとされています。たとえば、何となく自分には合っていないと思っている塾でも、ずっと通っているからという理由だけで他を見よう

としない、面倒くさがる。逆に塾を変えることで、成績が落ちるのではなどと、起きてもいないことや変化をネガティブに捉える傾向があります。

しかし、すべての人にとっては未知の経験は不安なもの。程度の差はあれ不安や緊張は湧きあがるものです。その緊張がネガティブな結果をもたらしやすいのであれば、コントロールしていけばいいのです。

以上、緊張には5つのパターン【マウント型】【ディスカウント型】【フラッシュバック型】【めくら滅法型】【未知との遭遇型】があり、どのような原因で引き起こされるのか理解できたと思います。

僕のメンタルトレーニングの師匠である石津貴代氏は自身の著書の中でこんなことをおっしゃっていました。

『多くの人が、いくつかの傾向を併せ持っています。というのも、緊張の原因はそれぞれが絡み合い、連鎖していくからです。』と。

幼少期、石津氏は強烈なコンプレックスを持っていました。小学生のクラスメイトの女子から「デブ」と言われていたからです。そのコンプレックスをひた隠しにして、自分を守るためにちっぽけなプライドという名の鎧を心にまといます。バンドのボーカルになってプライドを満足させたものの、緊張でライブは失敗、トラウマを抱えます。【ディスカウント型】↓【マウント型】↓【フラッシュバック型】と負の連鎖で、結果、緊張の原因を増やしたのでした。

合格のためのメンタルトレーニングとして重要なポイントがあります。

まずは、自分自身の〈子ども脳〉が喜ぶ部分を知り、〈大人脳〉と〈子ども脳〉のベクトルを同じ向きにさせること。Ｓｔｅｐ02〜03でお伝えした内容です。そしてこのＳｔｅｐ04の内容、本番で陥る緊張をきちんと理解して、緊張をコントロールするテクニックを身につけることです。

緊張は自然発生的なものなので、それを湧きあがらせないとか、ゼロにする、ということはできません。緊張は「して当たり前」の生理反応なのです。湧きあがった時に、緊張を起こしている不安や恐怖に飲み込まれないで、どうコントロールするかが重要です。

緊張は当たり前の生理反応だと知らない子や、知識として知っているだけでトレーニングを積んでいない子は、自分が緊張していると自覚した途端パニックに陥ります。緊張自体を「してはいけないもの」「緊張している自分はメンタルが弱いんだ」と自己否定してしまうからです。

緊張は「して当たり前」を知っておきましょう。

ポイント

緊張は自分が一番恐怖に感じていることへの防衛反応
何に緊張するか見極めることが大事

Step 04

②緊張をコントロールする5つの方法

前項で、緊張は人間が動物だった頃の名残で自然発生的に表れるもの、緊張はして当たり前のものと述べました。そして見える外敵の脅威から、孤立という見えない恐怖に変化したということ。対象は変化したけれども、恐怖が原因となって緊張するというシステムは変わっていないこともお伝えしました。

このStep04-②では、緊張が身体に表れる仕組みを掘り下げると共に、Step04-①の緊張の型ごとのコントロール法を解説したいと思います。

▼緊張が身体に表れる仕組み

Step02-②で人間の脳（心）にはザックリと2つの人格〈大人脳〉と〈子ども脳〉が共存していると申し上げました。

〈子ども脳〉は1～3歳くらいの幼児のイメージです。何が欲しいか欲しくないかがハッキリしていて、〈子ども脳〉のままに泣いたり笑ったりします。ここでは、この〈子ども脳〉

を【チャイルド】と名付けます。どうにもならないと〈大人脳〉ではわかっているのに、【チャイルド】をコントロールできずにイライラなどが身体反応として出る経験は誰しも持っているのではないでしょうか。


具体的に解説するならこうです。

模擬やセンター試験の試験会場。僕の隣には激しく貧乏ゆすりをする受験生。鼻がつまっているようで、時たまピーピーと鼻息がうるさい。

【チャイルド・岡島】騒ぎ出す。「こいつうるさい!! 試験に集中できない!! こいつを何とかしろ!!」と。

〈大人脳〉のアダルト・岡島が答える。「ちょい待て、うるさいのはわかるけど、どーにもできん。注意もできん。先生にも注意してなんて言えん」

【チャイルド・岡島】暴走。「うるさいったらうるさいんだ!! どうにかしろ!! はやくどうにかしろ!!」

結局、隣の貧乏ゆすり＋ピーピー音のダブルトラップで試験に集中できず、撃沈……。

つまり、〈大人脳〉が【チャイルド】の不安や恐怖をコントロールできず、振り回されてしまうことによって緊張が身体に表れるのです。この暴れ馬と化した【チャイルド】の手綱を握り、上手く落ち着かせ制御することが目的達成（緊張の緩和など）へのコントロール法となります。

目指すイメージはこうです。

試験会場で僕の隣には貧乏ゆすり＋鼻ピーピー君。

【チャイルド・岡島】騒ぎ出す。「こいつうるさい‼　どうにかしろ‼　やめさせろ‼」

アダルト・岡島「まぁ、待て、チャイルド。うっさいけど、人はどうにもならん。ごめん、俺の力不足。でも人生かかってる試験なわけよ、今日。だからさ、協力してくんないかな」【チャイルド】と会話していくようになる。

「とりあえず、隣のピーピー君じゃなくて別んとこ集中しよう。今から天井見るよー、いいかー」

と、こんな感じで【チャイルド】をコントロールしていきます。

実は、緊張が身体に表れる仕組みがもう1つあります。それは〈大人脳〉が【チャイルド】に対して脅す場合です。こんな風に。

「100％完璧じゃなきゃダメだ！」「自分の落ち度・弱みを見せるな！」「恥ずかしい思いをさせるな！」

普段は「ま、どうせ練習問題だし、できなくても本番でできればいいっしょ」と〈大人脳〉が〈子ども脳〉の【チャイルド】を甘やかします。しかし本番になった途端「できなきゃダメじゃないか！」「何でこんな問題も解けないんだ！　バカか？」とプレッシャー＆ダメ出しのオンパレードです。これでは【チャイルド】は怯えてしまいます。

【チャイルド】は1～3歳くらいの幼児です。幼児に完璧を求めるのはお門違いなのは理解できると思います。また、激しく叱責しても怖がって泣くだけ、つまり緊張という身体反応が出るだけです。

幼児の【チャイルド】に対して、真の大人であればプレッシャーをかけるのではなく「大丈夫だよ」と安心させてあげるべきなのです。

それでは、緊張が身体へと表れる仕組みがわかったところで、【マウント型】や【ディスカウント型】といった緊張の5つの型それぞれのコントロール法をご紹介しましょう。

▽マウント型は意識を自分軸に戻す
▽ディスカウント型はありのままを受け入れる
▽フラッシュバック型はあった事柄を上書きする
▽めくら滅法型は実況中継する

《1》マウント型緊張のコントロール法

とにかくマウント型の緊張を引き起こす人は、人の目が気になって仕方のない人です。人より優位に立ちたいとか、頂点じゃなきゃダメだとか、本来の目的を成し遂げるのではなく「完璧さ」を求めるが故に自分にプレッシャーをかけて緊張するのです。ちょうど〈大人脳〉アダルトが〈子ども脳〉チャイルドに対してプレッシャーをかけるように。

このマウント型緊張をコントロールするためには、まず相手が自分をどう思うか、どう見られているかといった相手軸ではなく、自分がどうしたいかにフォーカスした自分軸にする必要があります。

人が自分をどう思っているかなんて、エスパーでもない限りわかりません。それを「バカにされているんじゃないか」「格好悪いと思われているのではないか」などと自分勝手な妄想を抱いて緊張を引き起こします。そもそもちっぽけなプライド、見せかけのプライドを持っている人は基本的に自信がないので、相手が常に悪いジャッジをしていると思いがちです。ある意味相手に失礼ですね。

こんな話があります。Sさんはある日学校で友人からこう言われました。「Sって、ほんわかしていてつかみどころ無いよね～」と。その数日後、別の友人からこう言われました。「Sって、すごくしっかりしていて頼りがいがあるよね！」

ほぼ同じ時期に別の友人から、それぞれ真逆の感想を言われたのです。ちなみにSさん自身は自分がほんわかしているとか、しっかりしているとかいった自覚もなかったため驚いたそうです。また、自分は1人なのに（二重人格者でもないのに）受け取る側がこんなにも違う印象を持っていることにも衝撃を受け、人の自分への見方は様々、自分の想像を超えたところにあるのだなと感じたそうです。

では、実際に意識を自分軸に戻すトレーニングを始めてみましょう。

マウント型の意識を自分軸に戻す方法は、ズバリ「**今、この時、この場所でやるべきことに集中する**」です。

試験会場でマウント型緊張を引き起こす人はこんなことを考えています。「この中で何人受かるんだろう。全員を蹴落として上位もしくはトップに食い込まなければ！」

このようなときに引き起こされる緊張を緩和するために、順を追って次のことを実践してみましょう。

1：目的を明確にする

もし、普段の模試で合格点を取っているのであれば、普段通りの力を出すことに集中します。決して、この会場にいる受験生のトップないし上位に立つのが目的ではないはずです。70点が合格ラインだとしたら、71点取ればいいだけのこと。90点や100点を取ろうとするから緊張するのです。

2：科目ごとの目標値を決める

ただ漠然と全科目の高得点を目指そうとしない。マウント型緊張は完璧主義のため過度のプレッシャーを自分にかけがちです。やれる範囲で全力を尽くしましょう。

3：自分ができることだけに集中する

隣の子が残念なことに貧乏ゆすりをする子だったり、2人席で隣の子が消しゴムを使った時に揺れる机だったり、そういった自分にはどうしようもないことにはフォーカスしない、意識をそむけるテクニックを身につけましょう。

人をどうにかしようというのは空に向かって雨乞いをしているようなものです。どんなに力強く念じたところで雨は降りません。そんなことに集中力を使うくらいなら、さっさと切り替えたほうが自分のためです。

4：たった今、ここ、この場所にフォーカスする

人の意識は放っておくと、現在過去未来とあちこちに飛んでいきます。本番当日の試験会場で「あぁ、もっと勉強しておけばよかったな」と過去に行ったり、そうかと思えば「次の科目、ダメかも」と、起こってもないネガティブな未来を妄想してみたり。

本番に集中するには、今、ここ、この場所に強く意識をフォーカスする必要があります。

〈おススメ！　イマココ・フォーカス法〉

▼手にある一点のほくろを凝視する

▼首のストレッチをする（左肩に右手をそえて頭を右に傾ける。ギューっと伸びた感覚に集中する。反対も同様。緊張すると体がこわばりガチガチになるため、体を緩めてリラックスする意味でも効果的）

▼今できることに集中しよう！　僕ならできる！　と心の中でポジティブな言葉がけをする

《2》ディスカウント型緊張のコントロール法

ディスカウント型の緊張を引き起こす人は、自信がなくてしょうがありません。マウント型と同じように人と比較をします。マウント型は優位に立とうとするあまり緊張を引き起こ

しますが、ディスカウント型は必要以上に自分を貶めます。本当は対等なはずの関係でも、自分を低い位置に持っていった挙句緊張を引き起こすのです。

ディスカウント型緊張を引き起こす人は、**自信をつけることが一番の課題**となります。生まれてから十数年かけて蓄積された劣等感は、一朝一夕で取り除くことはできませんが、自信は必ずつけられます。お子さんの場合では最短で3ヶ月。大人であれば6ヶ月で変化が訪れます。

自信の強化については、別項目Step04-⑥で詳しく解説をしていますので、そちらをご覧ください。ここでは面接官などの前で、自分なんてと卑下することで緊張を引き起こしてしまいがちな子の対処法をお伝えします。

【1】コミュニケーションのクセを知る

1対1でのコミュニケーション間において、良い悪いではなく誰もがマウンティングやディスカウントをします。それは話題によって切り替わる場合もありますし、そういったクセを持っている人もいる、ということを理解しましょう。

▽マウンティング

自分の方が正しい、自分の方が上、自分の価値観の方が上だと認識してコミュニケーションを取ること。

例：「俺って帰国子女じゃん？」↓帰国子女という事実、経験は上でも下でもないが話し手が帰国子女は経験が上だと思って話している場合、マウンティングをしているということ。マウント型に多い。

▽ディスカウント

自分のほうが劣っている、自分のほうが下、相手のほうが上で自分が自信がないから譲る、へりくだるようなコミュニケーションを取ること。

例：「俺ずっと日本にいて海外へ行ったことがないし……」↓日本にいて海外へ行ったことがないという事実があるだけで、それは上でも下でもない。しかし話し手が下だという感覚で話している場合はディスカウントしている、ということになる。ディスカウント型に多い。

［2］大きな視野で人間は対等だと強く意識する

面接官や学校の先生といった目上の人に対して、尊ぶ気持ちを持つことは悪い事ではありません。しかしディスカウント型緊張を引き起こす子は、面接試験など本来の力を発揮しなければならない場合において、必要以上に相手を特別視して自分をディスカウントします。自己評価を自らむやみに下げることで緊張や萎縮をし、本来の力が発揮できなくなるのです。

このディスカウント型に有効なのは、大きな視野で私たち、僕たちは同じ人間で対等なんだ、と強く意識することです。

〈おススメ！　ノーディスカウント法〉

自分と相手を俯瞰して見てみましょう。もう1人の自分が、2人のやり取りをまるで映画を見ているように眺めます。相手と自分は役どころを与えられた俳優だと思って見てください。そう思って眺めると、役どころの違いはあれど、人間的にどちらが上とか下はないのがわかりませんか？

もし相手のマウンティング発言が気になるようだったら、こう考えてみてください。相手から発せられた言葉は「あ」とか「い」の文字の組み合わせであって、それ自体でたとえば心臓の機能を止めるとか、呼吸をできなくするといったことはありません。

それでも気になるようでしたら頭の中で一時音声を切ってみましょう。サイレント映画であれば、相手の身振り手振りだけの情報になります。言葉からネガティブな感情は生まれやすいですが、身振り手振りだけからはネガティブな感情は生まれにくいのです。

そして音声を切ったらすかさず「ありのままの自分で大丈夫！」という心の声を大音量で

流してみましょう。その頃にはきっと、自分を必要以上にディスカウントはしていないはずです。

《3》フラッシュバック型緊張のコントロール法

フラッシュバック型緊張は、過去に本人の失敗などで精神的ショックを受けたことがきっかけで、同じような場面になるとそのときのことを思い出して緊張を引き起こすというものです。原因となる出来事の大小は関係なく、本人がどう捉えるかに左右されるものです。人によって同じような出来事を体験しても、トラウマにならない人もいます。

本人がそのことでひどく精神的に追い込まれ傷つき、忘れられないのであれば、それはトラウマです。人が「そんなことがトラウマになるわけ？」と評価や判断をするものではありません。

心理学の分野ではとても有名な「シロクマ実験」についてお話ししましょう。１９８７年、心理学教授ダニエル・ウェグナー氏らが発表したもので、内容は次の通りです。

34名の学生を対象に、これから5分間は「シロクマについて考えてください」と指示をするか、「シロクマについて決して考えないでください」と指示をするかし、その後5分間を指示の通り過ごしてもらうというものです。

結果は「シロクマについて決して考えないでください」と指示された学生の方が、シロクマについて考える時間が多かったと出ました。つまり、「シロクマについて考えないでください」と禁止されることで、かえってシロクマのことが頭に浮かんでしまったのです。

頭の中はこうです。

「シロクマについて考えちゃダメだ」↓シロクマという言葉が逆に強烈に印象付けられる↓考えちゃいけないと思えば思うほどシロクマが浮かんできて意識に刷り込まれる↓無限ループのように繰り返す。

このことから、フラッシュバック型緊張を緩和するには、トラウマになった出来事を忘れようとすることは逆効果だということがわかります。

では、どうすればいいのか。それはトラウマと真っ正面から向き合うことです。もう起こってしまった過去は変えられませんが、当時は気付かなかった角度からその出来事を見直し繰り返しポジティブなイメージを刷り込ませていくことで、それが事実だったかのように脳に情報を蓄積します。情報を上書きすることで、フラッシュバック型緊張を引き起こしにくくなります。

T君は大学受験の際、ことあるごとに父親からダメ出しされ続けました。「実力もないくせに、そんなレベルの高いところ受けるのか？」「お前は絶対受からない」「受からない奴のために金なんて出さないぞ」と。

T君はダメ出しされ続けたことから自信を失い、滑り止めには受かったものの、希望の大学へは合格できませんでした。合格できなかったこと、そして「やっぱり思った通りダメだったじゃないか」という父親からの一言で受験がトラウマとなってしまったのです。

T君は本番という場面に直面するたびに、父親からのダメ出しと受験に失敗したトラウマを思い出しフラッシュバック型緊張を引き起こすのでした。

〈おススメ！　記憶のアップデート法〉

トラウマとなった過去の出来事をなくすことはできません。しかし、その出来事をポジティブなイメージで上書きすること、更新することは今からいくらでもできます。過去の改ざんというと良くない事というイメージがありますが、起こった出来事は1つでも捉え方は千差万別。捉え方の角度を変えることによって、いくらでも見え方は違ってきます。

今が苦しいなら、角度を変えるトレーニングをしましょう。

T君の場合のアップデート法はこうです。

1：父親に叱責されている昔の場面を思い出し、そこに現在の自分を登場させ、父親に向かって「せっかく目標をかかげたのに、ダメ出しばかりするのはやめてくれ！」とはっきり文句を言う

2：今度は自分が、自分の父親となったと想像して、どうしてあんな言葉がけをしたのかを想像してみる。本当にダメだと思った相手には人は何も言わないということを母親が伝えてあげるのでもOK

3：滑り止めでも合格できずに全滅する子もいる。できなかったことではなく、できたことに目を向ける

4：自分自身にポジティブな言葉がけをする。「辛かったけど、がんばった」「大丈夫」など

《4》めくら滅法型緊張のコントロール法

Step04-①でご紹介した通り、めくら滅法型緊張には3つのタイプがあります。

［1］時間が十分あったのに、結局やらずに本番で焦る自業自得タイプ

［2］準備はしていたが、予想外のハプニングで準備を活かせないタイプ

［3］緊張あるある、突然の不意打ちに頭が真っ白になるタイプ

［1］については、他の［2］や［3］と違い、自分の怠け癖によって準備が間に合わず、本番でこんなはずじゃなかった！　と焦ってパニックになることで緊張が引き起こされます。ですので、しっかりと事前準備ができるようになればいいのです。そのために次の手順で準備を進めてみましょう。

1：Step03でおこなった〈子ども脳〉が喜ぶ目標を再度確認し、強くイメージする
2：その目標に向けた細かなタスクを明確にする（塾や予備校の先生にアドバイスをもらうでもOK）
3：「いつまでに」「何を」「どのようにやるか」のToDoリストを付箋などで作る
4：とにかくやる

〈注意事項とポイント〉

▼マルチタスク（複数の作業を同時もしくは短期間に並行して切り替えながら実行すること）は人の脳は苦手といわれています。お仕事をされている親御さんであれば、デスクワーク中に取引先から電話が入り、集中力が途切れてしまったという経験があると思います。タスクの細分化はいいのですが、同時進行のスケジュールは避けましょう。

▼やる気が出るまでちょっと漫画を読む、テレビを見る、は禁止。とにかくやる。
脳は5分ほどやり始めたものに没頭するという働きがあります。部屋の掃除の際、アルバムを見つけて見始めたら掃除そっちのけでアルバムに見入ってしまった、気晴らしにちょっと漫画を読んだら1冊読破してしまった、という経験があると思います。逆をいえば、ちょっとやり始めれば、勉強にも没頭できます。
▼やる気が出てから行動（勉強）するのではなく、行動するからやる気が出る。どうしても机に向かうことができない場合は、問題集をパラパラめくる1分間のスキミングをやってみましょう。

［2］［3］のめくら滅法型緊張のコントロール法は、［1］とは異なった手段を用います。

1：開き直る
2：上手くこなそうと思わない
3：自分自身を実況中継してみる

〈注意事項とポイント〉
▼「もし失敗してもしょうがない」「自分のできる範囲できちんとやってきた」「急なトラブ

ルや頼んできた人の分までやる必要はない」と割り切るのが肝心です。
▼〈イマココ・フォーカス法〉と〈ノーディスカウント法〉を思い出して、上手くこなそうと思わず変に自分を卑下しないこともポイントです。
▼実況中継は、自分がアナウンサーになって自分を実況中継するということです。こんな風に。
「岡島選手に予想外のアクシデント発生！　さあ、どう切り抜ける?!」「岡島選手、徐々に緊張してきたようだがパニックにはなっていないようだ!!　さすが岡島！　プレッシャーをプレッシャーとも思わない強靭なメンタル！」「おっと岡島選手、自分に今、何ができるかを冷静に分析し始めたようだ！」

《5》未知との遭遇型緊張のコントロール法

この未知との遭遇型緊張は誰にでも起こる緊張です。誰にとっても「初めて」のことは緊張しますし、自然発生的に身体に緊張が引き起こされるもの、と再度確認しましょう。

アスリートは常に大舞台では初めて尽くしです。そのアスリートがイメージトレーニングをおこなっていることはご存じですね。「このときにこうして、こうなって」とあらかじめ勝利までのステップを事細かくイメージするのです。
未知との遭遇型緊張は経験がない、予想ができない不安から引き起こされるということは、逆にいえば「こうしよう！」と予行演習を何度もすることで克服できます。潜在意識に「経験済み」と錯覚させるのです。
この手法は、未知との遭遇型緊張をあまり感じない子にとっても、本番で実力を発揮しやすくなるので、すべての人にお勧めです。

〈入試本番に向けて予行演習〉

1：本番前日から試験終了までの流れをイメージする
2：流れをイメージできるように事前に情報収集をする
3：流れに気持ちや体調も付け加えて頭の中で映像化する
4：いくつかのパターンを用意する

〈実際の予行演習例〉

前日○時くらいにホテルに到着。
↓
荷物を置いて明日の会場までのルートを実際辿ってみる（当日迷う心配はなくなったが、時間帯が違うので朝のラッシュで人がすごいかもしれない）。

←ホテルで最後の総まとめをして早目の夕食。ゆっくりお風呂に入ってリラックスする。

←明日の天気と忘れ物がないように持ち物をチェックして早めに就寝（もしかしたら緊張してあまり眠れないかもしれないけど、そのときは外を走って体を疲れさせれば眠れるはず）。

←試験開始の1時間前には会場に着けるように、朝食やトイレの時間、チェックアウトをして荷物を預ける時間を逆算して○時に起床。

←ゆっくりと朝食を取る。

←トイレにゆっくり入る（たとえ出なくても試験会場でトイレにも行けるし試験の最中でも我慢せずに試験官に言ってトイレへ行こう。恥ずかしがっている場合じゃない）。

←電車で遅延が発生した場合は遅延証明をもらう。

会場に着いたら席とトイレの場所を確認。

↓

緊張していたらストレッチ。隣の奴が貧乏ゆすりをしていたらやめてと言う。言えなかったら別のことに集中。

↓

先のことは考えずに試験に集中している自分。

↓

無事にすべての力を出し切ってすがすがしい気持ちで会場を後にする。

Step
04

③ここ一番で実力を発揮する体へのアプローチ法

Step04-①②では、緊張はたった1つではなく、5つあること。そしてその5つの緊張の型別にコントロール法をお伝えしました。

トレーニングであるが故、どれもある程度の時間や積み重ねが必要なものです。おまじないのようにその場限りの気休めではなく、たまに修正しながらしっかりとコンディションを整えるべきものだからです。そうでないと身につかず、本番という舞台での実力発揮は難しくなります。

そうはいっても、時期的にトレーニングの猶予がなかったり、トレーニングをしても不安が残る人もいるでしょう。また、トレーニングをした上でより一層の効果を得たい、念には念を入れておきたい人もいるかもしれません。

これまで解説してきた通り、心（脳）と体は密接につながっています。脳で恐怖を感じるからこそ、緊張という体の反応が出るのです。これは心と体が密接につながっている証拠です。

Ｓｔｅｐ04-②ではメンタルへのアプローチで緊張をほぐすコントロール法を紹介しました。実は逆のパターンでも緊張を緩和することは可能です。体へのアプローチでメンタルをコントロールするのです。まず先に体をほぐすことで緊張を緩和するという手法で、時間や積み重ねが必要なメンタルトレーニングよりも簡単ですし、即効性があります。

ここでは、持続性は期待できませんが、即効性のある緊張を緩和する体へのアプローチ法をご紹介します。

ポジショニング（位置取り）

緊張してしまったときの体の状態はみなさんどうなっているでしょうか。緊張のあまり頭が真っ白、顔から汗が噴き出してボーっとしてしまう、ソワソワして心ここにあらず、起こるとは限らない未来の不安にあーでもない、こーでもないと思いを巡らせる、全身に力が入らず足元はフラフラ、場合によっては震えたり……。

意識が体の上部にあることがほとんどではないでしょうか。まるで頭が風船にでもなって、地面から３㎜くらい浮いている感じがしませんか？　そのフワフワした感じを引き戻すことで、緊張感覚を和らげることができます。

これはポジショニング、言い換えると適切な位置取りという方法です。

▽足の裏に意識を向ける

自分が緊張している、と感じたら足の裏に意識を向けます。肩幅くらいに足を開き、しっかり足が地面にくっついたイメージで立ちます。ちょっとやそっと、押されたくらいでは倒れないぞ！　と思いながら。そして足裏でグッと地面を押してみましょう。意識を下に向けることで、緊張が和らぐのがわかると思います。

面談などで立つ場面がなく、椅子に座りながら緊張を緩和したい場合は、椅子にお尻がしっかり乗っている感覚を意識しましょう。そして背筋を伸ばして胸を張ります。この姿勢をすることで、自信や自尊心が高められます。

▽ガッツポーズをする

両手のこぶしを強く握りしめてガッツポーズをします。ボディービルダーがステージでその鍛えられた肉体を披露しているときのような感じです。緊張でガチガチになっていても、ニカッと口角を上げて歯を見せて笑います。本当に笑わなくてもＯＫです。自信のあるポージングをすることで、自信があると脳をだまし、不思議とエネルギーが湧き、緊張を打ち消します。面接などの試験が始まる前に、トイレの個室でおこなうといいでしょう。

大きく息をする（深呼吸・腹式呼吸）

緊張をしていると、知らず知らずのうちに呼吸が浅くなっているものです。場合によっては「あれ？　今自分は呼吸をしていたかな？」と感じるときもあるかもしれません。呼吸が浅くなると、全身に血や酸素を巡らせにくくなるため心拍数が上がります。緊張でドキドキ鼓動が聞こえるのはそのためです。

また、心拍数が上がりっぱなしの状態はコントロール感の喪失につながります。自身の体のコントロール感を取り戻すためには、まずは深くゆっくりと呼吸をすることが重要です。

まずは口から息を吐き出しましょう。心にたまったネガティブなものを吐き出すように。深呼吸で息を吸うことから始める方もいますが、吐かない事には大きく息が吸えないので最初は吐き出します。

次に、お腹を膨らますイメージで目いっぱい鼻から息を吸い込みます。鼻がつまっている場合は口でも大丈夫です。胸を広げてたくさんの空気をお腹のあたりまで流し込むイメージです。

それを何度か繰り返します。そうすると心拍数がゆっくりになっていきます。マラソンの最中は「スッス、ハッハ」とリズミカルに短く速く呼吸をしますが、ゴール後は深呼吸を心がけますね。それと同じです。

この心拍数が速く上がっている状態から、ゆっくりと心拍数が下がった状態の差が大きければ大きいほど脳がコントロール感を取り戻していると判断するので、緊張が緩和され落ち着きを取り戻すのです。

なかなか口から上手く息を吐き出せない場合は、おへそから5㎝下にある「丹田《たんでん》」を握りこぶしでグーッとゆっくり押してみましょう。丹田は、東洋医学やヨガで全身の精気が集まる所とされています。手で押すことで、息を吐き出しやすくなります。

余談ですが息を吐く際、口からでなく鼻から吐く場合は緊張の緩和の効果より集中力を高める効果があるといわれています。口から吐くより鼻からのほうがゆっくりになり、意識が呼吸に集まるからです。

逆に本番で緊張し過ぎてグッタリしてしまった場合や、やる気やテンションを上げたい場合は敢えて呼吸をテンポよくリズミカルに速くします。こうすることで意図的に、闘争モードにすることができます。併せて好きなアップテンポの曲を聴くのも効果的です。

グーパー体操（筋弛緩法）

緊張すると、体がガッチガチにこわばっているのがわかると思います。肩が内側に入り込み猫背になるのは、いたるところに力が入っている状態です。

体に力が入れば、心もこわばっている証拠。体の力を抜くことで、心のこわばりも緩和できます。深呼吸と併用しておこなうとより効果的です。

1：口から息を大きく吐き出す
2：鼻から息を吸いながら足の裏→ふくらはぎ→太もも→お尻→下腹部→肩、と下から順に力を入れる（手はギューッと握りこぶしを作る）
3：全身に力を入れた状態で2、3秒息を止める
4：口から息を大きく吐き出すと同時に全身の力を抜く
5：腕や手、足などをぶらぶらさせる
6：2～5を繰り返す

なでおろしセルフマッサージ

大人でも凝りが気になるとき、自然と凝っている場所（肩など）に手を当てますね。いわゆる「手当て」です。凝りは長時間同じ姿勢から体の筋肉が凝り固まって、血流が悪くなる状態をいいます。頑固な凝りはなかなか自分ではほぐしにくいので、マッサージ店へ行ったりしますね。

緊張も凝りと同じような体の状態です。長期的に蓄積されたものではないにしろ、体に力が入っていることは同じです。マッサージで凝りが緩和されるのと同じように、一時的な緊張で筋肉に力が入ってしまったとき、マッサージをすることで硬直した筋肉を緩め緊張を解きほぐします。

受験本番では、誰かの手を借りることはできないので、ここではお子さん自身でできるセルフマッサージをご紹介します。小学校受験などで親御さんが付き添える場合は、本人の手の届かない背中などをマッサージするといいでしょう。

1：頭を右に倒す
2：右手を左耳下にそえる
3：耳下→首側面→肩→二の腕→手首→手の甲→指先の順にゆっくりと本人が気持ちい

いと感じるくらいの圧をかけてなでおろす（この際、触れる程度、触る程度だとあまり効果は期待できません。手のひら全体がピタッと皮膚に吸いつくイメージです）
4：親指以外の４本の指を握り、根元から指先へ向けて引っ張る（末端まで血流をいき渡らせる。強く引っ張ると指が抜ける恐れがあるので適度に）
5：2〜4を10回ほど繰り返す
6：頭を左側に倒し、体の右側を同じようになでおろし、10回ほど繰り返す

芳香浴

現代では、洗濯の衣料用柔軟剤や室内消臭剤など、色々な香りを手軽に楽しめるようになりました。一昔前では種類も少なく、購入できる場所も限られていた精油と呼ばれるエッセンシャルオイルは、今ではドラッグストアや総合デパートなどの雑貨売り場で気軽に購入できます。

リラックス効果のある一番有名なものとしてラベンダーがあげられますが、日本特有のヒノキのような森林浴の気分が味わえるものなど香りのバリエーションは多種多様です。５mlの小瓶1本1000円程度で購入できるので、自分がリラックスまたはリフレッシュできる香りを探しておくといいかもしれません。

ちなみに、精油（エッセンシャルオイル）とアロマオイルはまったくの別物です。精油とは植物の花、茎、葉、根、果皮、樹脂、樹皮、種子から抽出する100％天然素材でできた液体のことです。混ぜもの一切なしで、純度が非常に高く効能も高い分、取り扱いには注意が必要です。濃度の高い原液といったイメージです。素手で直接触るとかぶれてしまうので厳禁です。

アロマオイルは人工香料、アルコール、他の原料材料が人工的に付け加えられた（添加物の多い）オイルです。フレグランスオイルやポプリオイルなどともいわれています。

精油（エッセンシャルオイル）は100％天然素材のみが表記できるため、ラベルをきちんと確認した上で購入しましょう。また、きちんとしたリラックス効果を期待するのであれば、100％天然素材の精油（エッセンシャルオイル）がお勧めです。

使い方は専用のディフューザーにオイルを入れて香りを部屋いっぱいに広げて匂いを楽しむのが一般的ですが、たとえば試験前日、緊張でなかなか寝付けないときは湯船に精油を数滴垂らす（アロマオイルは添加物が入っているためお勧めしません）、試験本番にはハンカチに好みの香りの精油を1滴垂らしたものを用意し、匂いを嗅いで緊張をほぐすことができます。

また、入試本番の季節に流行るインフルエンザ対策として、ティーツリーやラヴィンサラ、ユーカリなどは殺菌効果があるので、その時期お勧めの精油です。

お子さんだけでなく、親御さんも含め家族全員で緊張やイライラといったメンタルケアだけでなく、風邪予防としても香りを使ってみてはいかがでしょうか。

ポイント

心（脳）と体は連動している。体を先にほぐせばガチガチの心（脳）の緊張を一時的に緩和できることを知っておこう

Step 04

④自在に集中力を高める方法

みなさんは、『フロー』と『ゾーン』という最高に集中した状態が2つあるのをご存じですか？　脳科学者の茂木健一郎さんはご自身のブログでフローとゾーンをこのように解説しています。

▽フロー
最高に集中した状態で、リラックスもしている。最大のパフォーマンスを発揮する状態。時間の経過を感じず、自分を忘れて没頭する。その行為自体が、何かを成し遂げるための手段ではなく目的となるので、行為自体が報酬となる。日常的に入りやすい。

▽ゾーン
フローとほぼ同義で使われることの多い「ゾーン」。敢えて両者を区別すると、「ゾーン」はフローの最高の段階。最高に集中し、なおかつリラックスしているフローは、比較的日

常的に起こすことができる。一方、ゾーンはトップアスリートでさえ、生涯に2、3度あるかないかという滅多に起こらない状態。

フローの状態へは、好きなことや楽しいことに没頭していれば、比較的誰でも入ることができます。たとえば電車の中で好きな小説や漫画を読んだり、ゲームなどをしているとき、アナウンスが聞こえず乗り過ごすという経験をしたことがあるのではないでしょうか。対してゾーンは、火事場の馬鹿力といったような、何かしらの極限状態に追い込まれたときに無意識に入ります。フローの先にある、滅多に入れない領域で、トレーニングをして得られるものではありません。

ちなみにですが、マラソン選手などが長距離を走行中に経験するランナーズハイとはまったく異なります。ランナーズハイとは、運動により生じた筋肉の疲労や痛みを抑えるために、β-エンドルフィンという脳内麻薬が放出されることで、体が楽になり、爽快感を得るというものです。β-エンドルフィンは、ガン患者の鎮痛薬「モルヒネ」の約6・5倍の鎮痛作用があるといわれています。

またランナーが走り出しで呼吸が苦しくなるデッドゾーン（もしくはデッドポイント）を乗り越えた先に起こる、呼吸が楽になる状態、セカンドウィンドとも違います。これは、一時的に酸素が足りなくなった状態（デッドゾーンやデッドポイント）から、体が順応し適切に酸素が供給されるようになったことで体が楽になった状態のことです。

ここでは比較的誰でも得やすい、『フロー』の状態へ意識的に入れるようにトレーニングをおこないます。フローへどんな状況でもすっと入れるように、自分なりの、そして自分で押せるスイッチを作るのです。一見すると、おまじないやゲン担ぎに似たような感じはありますが、それらはそのときだけやるので効果はありません。普段の生活の中で習慣化することと、ルーティンにすることで効果を発揮します。

元プロ野球選手でメジャーリーガーのイチローさんが、バッターボックスに入るまでの歩数、入ってからのバットのスウィングやポーズを儀式のように毎回同じ手順、回数でやっていたのはとても有名です。これはパフォーマンスルーティンといって、一定の行動や動作を一定の順序やテンポでおこなうことで、意識が集中しやすくなるテクニックです。

ルーティンは、時間、歩数、回数など数値で表せることが重要です。同じ動作をすることでやるべきことが明確になり、プレッシャーや緊張下でもメンタルが安定し実力を発揮しやすくなります。事前に決めた行動を確実におこなうことで、不安や緊張を引き起こす余地をなくすのです。

先ほども書いた通り、たとえば試合に勝った日と同じルートを辿る、その日と同じユニフォームを着るといったゲン担ぎとルーティンは違います。ゲン担ぎは、自分でコントロールできない未来の兆しを気にして、過去の良かったことをなぞる気休めの行為でしかありません。イチローさんのように、野球人生という長い年月の中で試行錯誤して作り上げたルーティンとは、まったく別物だというのは言わずもがなでしょう。

トレーニングを始める前に、集中力の性質について知っておきましょう。

まず、集中力を養ったからといって、永遠に高い集中力を維持することはできない、ということを理解しておいてください。人間が集中できる時間には、あくまで目安ですが、15・45・90というリズムがあるということがわかっています。

また、複数ある選択肢の中から、どれかを選ぶ意思決定をした瞬間に消費される「ウィルパワー」というものがあることも知っておいて損はないと思います。この「ウィルパワー」は総量が決まっているため、使う機会が多いと集中力が長持ちしない、といわれています。たとえば何かを先延ばしにしている場合、「いつやろうか」「今からやろうか」などと意思決定を持続させてしまっているため、ウィルパワーを消耗しているということになります。ルパン三世がいつも同じ服を着ているのは、服を選ぶときに消耗するウィルパワーを温存するためだとか。

それでは実際に、集中力を高めるトレーニングを始めましょう。

自分がどんなときに集中力が途切れるのか、日頃から注意深く観察する

「あ、集中力途切れた……」と感じるポイントや、どんな状態の時に集中力が途切れやすいかを把握しましょう。

・寝不足／失敗した時／人から声をかけられた時／15・45・90分経った時など

「今、ここ」にフォーカスする

［1］自分の意識が今どこにあるかを確認する

「なんであのとき○○したんだろう……」と意識が過去に飛んでいて、後の祭り状態なのか、「これから○○になったらどうしよう……」と意識が未来へ飛んでいる、先取り大会状態なのか、を見極めます。

意識が「今」に向いているか、「今ではないところ」に向いているかを確認します。

［2］コントロールできること、できないことを理解する

・自分、今↓コントロール可能

・過去、未来、時間、天気、人の行動・考え・評価・好き嫌い・喜怒哀楽、交通、アクシデント、集団のルール、など↓コントロール不可能

コントロール可能なのは、「自分」と「今」のたった2つしかないことを心得ましょう。

呼吸に意識を向けてイメージトレーニングをする

1：Step04-③でご紹介した体へのアプローチ法のグーパー体操でリラックスします

2：Step04-③の深呼吸をおこないながら、吐く息と吸う息に意識を向けます

3：Step04-②【未知との遭遇型】緊張克服の予行演習に倣って、模擬試験や本番の試験をイメージしてリハーサルをおこないます

自分で決めた集中しやすい一点に意識を集める

キーワードは「一点集中」です。「気が散る」の逆をおこないます。

道具や体の1か所など、どこでもいいのですが、決めておいた場所をピンポイントで見る

ことで、散ってしまった意識を「今ここ」に集める気持ちでおこないます。

Step04-②【マウント型】緊張〈おススメ！ イマココ・フォーカス法〉の中で紹介した、手にある一点のほくろがお勧めです。普段使っている道具でもいいのですが、いざ本番で使おうとして万が一忘れた場合、逆に集中できるどころか不安が増します。体の1か所であれば、置き忘れがなく、時と場所を選ばないからです。

また、一点はエリアではなく極力小さい点などがベターです。小さな一点のほうが意識をグーッと集めやすいですから。

気持ちを切り替えるパフォーマンスルーティンを作る

冒頭でイチローさんの例をあげましたが、ルーティンを作り、繰り返しおこなうことでメンタルが安定します。そしてメンタルが安定することは、パフォーマンスの向上につながります。

その動作をしたら自然と集中力モードに入るといったように、集中できる入口を意図的に作るのです。勉強に集中するまでの時間が長い子がいますが、そういった入口を作ることで、ロスタイムを短くすることができます。

ただし、ルーティンをすることに固執してしまうと、大事な勉強に注意が向かなくなる恐れもあります。最初のうちは苦にならない程度でシンプルに、数秒程度の短いものから始めてみましょう。

中にはイチローさんをマネして、初っ端からいくつもの動作をやってみたい、と思う子もいるかもしれません。しかしやることが多過ぎると、やらなかったらダメになってしまうのでは、とネガティブな思考になる恐れがあるのでお勧めしません。そもそもイチローさんのルーティンは、長い歳月をかけて試行錯誤し、自分専用にカスタマイズした完成形です。数だけをマネすることに意味はありません。

また、人により集中するためにルーティンが必要であったり、なかったりと違ってきますので、焦らず色々試してみましょう。

〈ルーティンの作り方〉

Ｓｔｅｐ04-③体へのアプローチ法でご紹介したポジショニングや深呼吸、グーパー体操など、体を刺激する動きを組み込み、体をリラックスさせます。試験会場で大きな動きはスペース的に難しいかと思います。お勧めは、深呼吸をしながらグーパー体操・肩のみバージョンです。

1：鼻から息を吸いながら肩が耳につくくらいのイメージでグーッと両肩に力を入れて持ち上げる
2：両肩を限界まで持ち上げたら息と肩を2秒ほど止める
3：口で息を吐きながら一気に両肩の力を抜いてだらんとさせる
4：1～3を数回繰り返し体をリラックスさせる
5：手の一点のほくろを凝視する

模試や本番の試験に取りかかる直前の、短い時間にできるのでお勧めです。また、最初の科目が上手くいかず、気持ちの切り替えが必要なときは、合間の休み時間におこなうのも効果的です。

〈ルーティンを作る際の注意〉

ルーティンは、必ず日々の中で実践しているものを本番でおこなってください。普段用と本番用を使い分けるのはＮＧです。本番だけでおこなうルーティンは、特別感が発生し緊張につながるからです。

また、一度決めたら違和感があっても続ける、ではなく都度自分に合ったものにカスタマイズして構いません。本番で実力が発揮しやすい、自分だけの集中力ＯＮのスイッチを探しましょう。

ポイント

集中力を高めるには「ルーティン」と「メンタルの安定」と心得よう

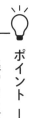

Step 04

⑤ネガティブな感情の手放し方

お子さんが不安や怒りといったネガティブな感情で、心がいっぱいになってしまうときはどんなときでしょうか。過去の失敗を思い出して？　もしくは起きてもいない未来に不安を感じて？

ここまで読んで頂いた親御さんはもうおわかりかもしれませんが、ネガティブな感情はコントロールできないものをコントロールしようとする、その心から発生しているのです。

前項Step04-④でも少しお伝えしましたが、自分がコントロールできるものは「自分」と「今」だけ。過去や未来、時間や天気、自分以外の人の感情や考え方、行動などはコントロールしたくてもできません。人にはそれぞれ自分にもあるように、意思があります。「回れ右！」と言われて従うのは訓練された兵士、またはロボットくらいのものでしょう。

ここではネガティブな感情を持ってしまったときに、その感情に引きずられず切り替えができるテクニックをいくつかお教えします。即効性のあるものから、少しトレーニングが必要なものまでありますので、ご自身のお子さんに合った感情の手放し方を親子で一緒に見つけてみましょう。

感情を第三者視点で見てみる

Ｓｔｅｐ04-②の冒頭で、〈子ども脳〉を【チャイルド】と名付けて緊張が身体に表れる仕組みを解説しました。普段は〈大人脳〉のアダルトが、集団や社会に適した振る舞いをしているとイメージしてください。しかし、ネガティブな感情が生まれるときはたいてい、自分の中の〈子ども脳〉【チャイルド】が主張をしたり、暴れたりしているときです。

感情は【チャイルド】が持っていると考えます。その【チャイルド】を自分ではありますが、別人格として第三者的に捉えます。そうすることで、ネガティブな感情は湧き起こるものの、その感情にいつまでも引きずられることなく、次のアクションをしやすくなるのです。

〈例〉なかなかお子さんの受験勉強がはかどらない場合

▽**親御さん自身の状態**

「なんでもっと勉強しないのかしら?! こんなんじゃ不合格間違いなし！ 何やってるのかしら！」とイライラ。今までなら感情が爆発して「早く勉強しなさい！」と怒る。

← 自身の【チャイルド】を客観視する

「あ、チャイルド◯◯（親御さん自身の名前）がイライラしている。これは心配から出ている感情。それを子どもにぶつけても状況を悪くするだけ。本人も頑張ってるし、スランプに陥るときだってある。状況を聞いて、本人も変わりたいと思っているなら、話し合おう」

▽子どもの状態

「あー、もう、どうせやっても無理だし。どうせ俺はダメダメですよ」

← お子さん自身の【チャイルド】を客観視できるようにアドバイスする

「確かに落ち込むこともあるね。あなたの友だちがどうせ無理ってふて腐れて、ずっと勉強してないのを見たらあなたはどう思う？」

普段だったら感情をそのまま爆発させたり滅入ってしまったりするところを、第三者視点を取り入れることで冷静さを取り戻します。

また、自分の感情の機微に気付くことはつまり、【チャイルド】の動きへ瞬間的に対応することを可能にします。

体を適切に動かす

このStep4では、緊張や不安といった感情は、体と密接に関係しているということをお伝えしています。緊張や不安で体がガチガチになったり、場合によっては胃がキリキリ痛んだりもします。

メンタルが常に体を操り、影響を及ぼしていると考えがちですが、実はそうではありません。「メンタル↓体」という一方通行の関係ではなく、「メンタル↕体」という両方向の関係なのだと理解しましょう。

ここでは、その両方向の関係性に基づいたテクニックをお伝えします。

［1］メンタル：イライラする↓体：肩にどんどん力が入る
　メンタル：穏やか↑体：肩の力を抜いて深呼吸

［2］メンタル：落ち込み↓体：顔が下がり、視線も地面へ。肩が内側へ入り込み猫背に
　メンタル：気分は上々↑体：顔を上げ視線は空へ。肩甲骨を引き寄せ胸を張った状態に

［3］メンタル：焦る↓体：せかせかと動きがせわしなく呼吸が速く浅い
　メンタル：落ち着く↑体：どっしりと構え、呼吸は深くゆっくり

いかがでしょうか。人はメンタルが落ち込むと視線が下がり、猫背になってしまいます。その身体反応と敢えて真逆の動きをすることで、ネガティブな感情をポジティブに変換していきます。体から脳をいい方向にだます、ということです。

余談ですが、鬱病の患者さんの治療で効果的なものの1つに、毎日20分くらいのウォーキングというのがあるそうです。メンタルと体は一方向ではなく両方向の関係性だということがよくわかりますね。

チャイルドを受け止め、励ます

〈子ども脳〉【チャイルド】が騒ぎ出したときに〈大人脳〉で「そんなことに怒るな、落ち込むな」と否定せず、まずは一旦受け止めます。「そうかチャイルド・岡島、ムカついたんだ、嫌だったんだな」と、こんな風に。

感情のコントロールというと、むりやり抑えつけるイメージを持つ人もいるかもしれません。ですがそうではなく、折り合いをつけたり手綱を握って上手いこと方向づけすることだと思ってください。

逆にネガティブな感情を抑えつけたり、受け入れないと【チャイルド】の行き場がなくなり、いつまでも引きずってしまいます。

ただし、受け止めることと、同意する・賛同するのとは違うということに注意しましょう。受け止めるということは、ありのままを認めることです。行動や感情を言語化して（心の中で）口に出す『だけ』です。そこにジャッジはありません。「（不安のあまり）胃が痛くなったんだね、気持ち悪くなったんだね」「（イライラして）頭に血がのぼったんだね」といった感じです。お子さんがまだ上手く話せない時期に、喜怒哀楽を親御さんが代弁して言葉に表すことで、お子さんが落ち着いたのと同じ原理です。

対して同意や賛同は、評価や判断といったジャッジが含まれます。ポジティブな感情、ポジティブな【チャイルド】に対しての同意や賛同は大いに結構。「チャイルド・岡島、いいよいいよ、もっとやってみよう！」とポジティブな感情は存分に引き出していいものですが、特に怒りの感情に「そうだそうだ、あいつムカつく！」と賛同してしまうと、「やっぱそうだよね、あいつムカつくよね、おかしいよね！」と煽ってしまい、逆にその感情に囚われてしまうのでNGです。

【チャイルド】を受け止めた後は、【チャイルド】に対してその感情に効果的な言葉がけをします。これは個人個人で効果的な言葉がけが変わってきます。岡島の場合を書き記しますので、参考にしてみてください。

▽イライラしたら↓「チャイルド・岡島、そうだね、イライラしたね。でもアイツのためにイライラしたら自分の時間がもったいないよ。人は変えられないんだから、今やるべきことをやろうよ」

▽不安になったら↓「チャイルド・岡島、そうか、不安になったんだね。そりゃー、みんな新しいことにチャレンジする前は不安になるものさ。新しいことをするのにビビッて、何もしないことのほうがナンセンスだよ。完璧なんて追求しなくていいんだから、気楽にやってみようよ」

▽落ち込んだら↓「チャイルド・岡島、落ち込んでいるね。そうか、ちょっとミスったと思ってるんだな。でもさ、何事もトライ&エラーだよ。トライしなきゃエラーはないし、エラーのないところに成長はないんだ」

▽焦ったとき↓「チャイルド・岡島、焦ってるな〜。あれもしなきゃ、これもしなきゃで色々先取りしてるんだな。先取り大会、おおいに盛り上がってるな。でもさ、カラダが追いつかないよ。先のことはコントロールできないんだから、今ココにフォーカスしようぜ！」

不安の成仏

不安が起きるときはどんなときですか？　そうです、未来に起こるかもしれないことを考えているときです。やらなくてはいけないことを先延ばしにしたり、不安に感じているものがぼんやりしていて実体がつかめていないとき、きちんと向き合っていないときに不安は湧き起こります。

そういった不安は、行動することで解決することが多分にあります。

・受験勉強の範囲が広くてどこから手をつけたらいいかわからず、途方に暮れて何もしない時間ばかり過ぎていく→とりあえず、1分間のスキミングでザッと全体を眺める。どの科目のどこを重点的にやるかをチェックし、ページ数を書き出す。1日何ページやればいいかを計算し作業を細分化する

人の不安はわからないものに対して起こります。なので、不安を解消するには、わからないものを実際の数値などを出して具体化し、「わかるもの」にすればいいのです。ただボーっと動かず寝ていても、ずーっとわからないままです。わからないものが勝手に「わかるもの」に変貌を遂げることも進化することもありません。

「わかるもの」にするには、情報収集が必要です。幸運にも、現代ではインターネットが発達しているので、1つキーワードを入れれば腐るほど情報が出てきます。情報が多過ぎて選択できなければ、親御さんや先生といった大人にアドバイスを求めるように促しましょう。

不安は放っておくとどんどん膨張していくので、早いタイミングで「わかるもの」にすることが得策です。

吐き出しデトックス

ネガティブな感情をそのままにしたり、否定するなどはもってのほかです。感情が爆発してしまい、取り返しのつかない状態を招いたり、否定して抑えつけて我慢することで、体調不良に陥ることさえあるのです。

【チャイルド】を受け止め励ましても、どうしても解決できない場合は、吐き出してデトックスをしましょう。

〈効果的な方法〉

・信頼できる人に話す〈でもね、や、それは違う、などマウントを取りたがる人に話すの

は避けましょう）

・物に当たる（クッションのような柔らかいものがお勧めです。粘土をこねたり、不要の食器を何重にも重ねたビニール袋に入れて床に叩きつける、なんて人もいます）

・言葉にして出す（「あー、本当にイラついたな、何だったんだろうな、あの態度」とか）

・書き出す（ノートに書き出す。そのノートを破く、というのもありです。トイレットペーパーに書いて流すという裏技もあります）

・運動をしたり歌をうたったりする（一番手軽なのはランニングもしくはウォーキングをしながらイヤホンでお気に入りの曲を流す、もしくはカラオケに行くなどがあります）

アンガーマネジメント

アンガーマネジメントとは、いくつかある感情の中でも「怒り」に特化したコントロール法で、怒りを上手く分散することができます。

Ｓｔｅｐ02-③自分の感情パターンを知る、の中で「怒り」の感情は二次感情といわれ、他の感情と性質が異なること。「怒り」がこみあげてくるのは、その感情の奥底に別の一次感情（悲しいや不安、心配、悔しいなど）が隠れている、と申し上げました。「自分は大切にされていない、自分の存在がぞんざいに扱われている、理解してもらえない、認めてもらえない、バカにされた、疎まれた……」などです。

そのことを十分理解した上で、アンガーマネジメントをまずは親御さんが実践してみましょう。

【1】怒りが湧いてきたら、6秒我慢！

人は頭にカーッと血がのぼると、その身体反応に身をゆだねてしまいがちです。6秒我慢するのは、そう簡単にできるものではないですが、普段から自分の【チャイルド】を第三者的に観察することで可能になります。怒りがこみあげてきた時に「あ、チャイルド・岡島が怒り出した」と即座に反応できるようになるからです。

我慢できなそうならトイレに駆け込むなど、その場からいったん離れましょう。

【2】怒りを冷静に見つめる

6秒我慢することで、少し冷静さを取り戻します。自分がなぜ怒ったのかではなく、相手に何を伝えたいか、どうして欲しいのかにフォーカスします。

受験勉強中のお子さんに、ついイラッとして怒ってしまうのはよくあることです。「いつまでもスマホばかりいじってないで勉強して！」と怒鳴ったとします。その怒りはお子さん自身がこの先大丈夫なのか、という親御さんの心配から来る場合もありますし、お子さんが自分の言うことを聞いてくれない寂しさから湧き上がる場合もあります。

［3］怒りの点数化

冷静さを取り戻した際に、怒りを点数化することで客観的に捉えることができます。事前に○○は100点といったように点数を決めておくと、比較しやすくなります。

また、点数が低い怒りの小さなものについては、このくらいの点数だったらもういいかな、などとコントロールしやすくなります。

〈岡島の例〉

100点…家族が傷つけられる
80点…周りから下に見られる
50点…思い通りにならない
30点…生意気な後輩
10点…リスペクトされない

［4］「怒る」と「叱る」を区別する

「いつまでもスマホばかりいじってないで勉強して！」は、怒っているのでしょうか、叱っているのでしょうか。

怒りはそれを発している自分自身が感じている一次感情の間違った伝え方です。自分の一次感情に気付かず、単に相手（お子さん）に感情をぶつけているだけに過ぎません。

叱るということは、相手のための言葉によるコミュニケーションです。スマホばかりしていても、本人はやるべきことはやっているかもしれません。お子さんが、今どんな状況で、どの程度勉強を進めているのかを把握した上で叱るのであれば、「今、あなたはこういう状況だったはずだけど、スマホをやっている時間はあるの？」などと、言葉がけが変わります。

［5］コントロールできるか否かを判断する

「自分」と「今」しかコントロールできません。そのことを再度思い出し、コントロールできないことについては早めに手放すのがポイントです。

ポイント

ネガティブな感情は「抑える」ではなく「受け止め」て「出し方」を変える、と捉えましょう。

ネガティブな感情を否定して我慢や抑えることに慣れてしまうと、自分の感情自体に鈍感になってポジティブな感情も出にくくなってしまいます。上手くコントロールして上手に付き合いましょう。

また、受験勉強中のお子さんだけでなく、それを応援する親御さんも身につけることで、無用のぶつかり合いがなくなり、お子さんの本番へのパフォーマンスアップにもつながります。

ぜひ、親子で一緒にやってみましょう。

Step

04

⑥自己肯定感を高めるトレーニング

最後は、自己肯定感を高めるトレーニングです。

自信をつけるトレーニングは、様々な方法があります。しかしここでは、日々「合格」という目標に向けて、学校はもちろん、塾や予備校に通いながら必死に勉強をしている忙しいお子さんにとって、『これさえやっておけば間違いなし！』の、ギューッと凝縮したトレーニング方法をお伝えします。

この方法は、医学部予備校でクラスを持っている僕の仲間が、実際にマンツーマンで生徒におこなっているトレーニング方法です。メンタルトレーナーとしての技術を活かし、無駄を省いたこのメソッドの効果は実証済みです。

基本、受験生は共通して自信がないのですが、受験勉強において自信がある・ないは、結果に大きくかかわってきます。受験だけでなく、大きくいえばその子の人生にもかかわってくる大事な部分だと、僕は感じています。

では、自信があるとは一体どんなことでしょうか？

それは、自分で自分を認める力、信頼する力があるということ。すなわち自己肯定感が高いということです。

2016年の文部科学省の資料によると、アメリカ・中国・韓国・日本における「高校生の生活と意識に関する調査」において、日本の子どもたちの自己肯定感が一番低いということが発表されました。

Step01でお伝えした通り、変化が激しく誰も予測できない未来を生き抜くためには、主体性が必要となってきます。新しい学習指導要領の改訂内容も主体的な学びです。主体性とは、どんな状況においても自ら考え、判断し、自らの責任で行動することです。自分に対して今までの学校教育の現場では、主体性ではなく、自主性が求められてきました。自主性とは、やるべきことを誰かに言われる前にやること、です。そこには判断もなければ責任も存在しません。

自ら考え、判断して自分自身に責任を持って行動するには、自信といわれる自己肯定感の高さが必要です。

世の中にはいくら成功をしていても、自信のない人がたくさんいます。要するに「成功することと=自信の強化」ではないのです。本当の自信は、物質的なものが増えることではなく、心が満たされる状態です。

それでは実際にトレーニングをおこないます。その方法は、ズバリ『日記をつける』です。まずは3日、毎日欠かさず、その日に自分ができたことを、必ず最低3つ書き出します。本当に自信をつけたければ毎日絶対、1日もやめてはなりません。

書くときの重要なポイントはたった1つ。ない、できなかった、の「ない」言葉は絶対に使わないこと。

〈例〉勉強に集中して寝なかった、テストに失敗しなかった、間違ったものを選ばなかった、など。

このように書くのではなく、勉強に集中して起きていられた、テストに成功できた、正しいものを選べた、というように『can』を使うようにします。

寝なかった、というのは、寝ることが正しい前提で寝なかった。つまり「寝ることができなかった」というネガティブな言葉です。Step03-①合格するための目標設定6つの鍵でもお伝えしましたが、そういった負の言葉を使うことで、自分はできない、と脳に刷り込んでいきます。

何かを達成するには、それを達成するような行動を取ることが大切です。行動を取るには、行動を選べるような考え方をする必要がある。その考え方をするには、考え方ができる言葉を使わなくてはいけません。
つまり、言葉が変われば考え方が変わるし、考え方が変われば選択肢が増えて行動が変わる、行動が変わったら結果も変わります。

言葉を意識することから始まって、その結果、自分が得たい結果を手に入れることができる。日記を書くことは、そういった理由からです。

自信がなく、完璧主義で100％しか認められない子ほど、最初はできたことを書き出せません。そういった場合は、「1人で起きることができた」「今日も学校に行くことができた」など、当たり前だと思うことから書き始めるようにしてください。最初は、こんなことできたって言えねーだろ、とか、どんだけレベル低いんだよ、とか本人は納得できないかもしれません。ですが大丈夫です。続けてさえすれば、必ず変化は訪れます。

書き終わったら、必ず誰かに見せて認めてもらいます。この本を読まれている親御さんであるあなた、とかお子さんの先生でもいいです。誰かに見せて、認めてもらえば続けられます。

ここでの注意点は、どんなことが書いてあっても、認める。ジャッジしない。「これはできたかもしれない。でも、これはできてないよね」はダメです。

また、過剰で大げさ、芝居じみた褒め言葉もあまりお勧めしません。

これを小学校受験などの小さなお子さんに対してしてしまうと、本来「合格して○○小学校へ入学する」ことが目的なのに、褒めてもらうことが目的にすり替わる危険性があるからです。

中学〜大学受験生にもお勧めできません。思春期まっさかりの子に対して大げさに褒めるのは、むしろ「バカにしてるのか？」「うざい」と思われ逆効果の恐れがあるからです。

まずは、できたこと3つを3日間書き続けます。それができたらもう3日間頑張ろう。慣れて来たら6日連続してやってみようか、と促します。最終目標は3ヶ月続けることです。ただし、最初から3ヶ月続けよう、だと気持ちが萎えてしまうので、まずは3日頑張ろう。できたらもう3日頑張ろう、と3日ごとに声がけをします。

三日坊主とはよくいったもので、この3日とは科学的な期間といわれています。

人はみな細胞からできていますが、その細胞が早いものは3日で入れ替わります。胃の粘膜などがそうです。他にも肝臓や腎臓、肌は3×10の30日、つまり1ヶ月で入れ替わりますし、筋肉は30日で60%入れ替わります。血液は3×40の120日。

脳においては30日で40%入れ替わるといわれているので、若い細胞の子どもは3ヶ月ほどで考え方を上書きすることが可能です。半年でかなりしっかりと定着します。

科学技術がなかった時代であっても、先人たちは感覚的に知っていた、ということになりますね。

では、実際に現役予備校生と浪人生とに当てはめ、どのようなトレーニングや言葉がけをすればいいのか、「合格までの年間スケジュール」と題して、時間軸に沿って見ていきましょう。

合格までの年間スケジュール

4月（〜10月） 1日3つできたこと日記を書き始める

【現役生】

本番まで半年もない10月になると、現役生はだいたい不安になります。模擬試験も始まり、いい結果が出ない子のほうが多いので、大半の子が自信を失います。特に大学受験を控えた高校生は高校受験と違って全国がライバルになります。そして今までいなかった強敵・浪人生という存在が脅威に感じる時期でもあるのです。

現役生はそれを知らないので、4月しょっぱなから、あなたは自信ないでしょ、なくなるよ、と言っても理解できません。まずは、本番を想像させて、自ら日記を書く＝自信の強化トレーニングの必要性を感じてもらいます。

「今のあなたの状態で本番迎えたらどう?」と聞くと、「多分、受からないと思う」という答えが多く返ってきます。じゃあ、どうすれば本番を自信を持って迎えられるか、そして自信をつけることの重要性を「受験生あるあるエピソード」を交えて伝えます。

◆受験生あるあるエピソード◆

・試験会場に1千人いる
・会場によっては隣の人と肩が触れるくらい近い
・貧乏ゆすりをしている人もいる
・机が2人がけのつながっているタイプで、隣の人が文字を消すと連動して机が揺れる
・静かな中で鉛筆のカリカリ書く音がすごい
・隣の人の問題用紙をめくる音が大きい
・隣の人の解答スピードが速い
・トイレが激混み
・ちょいちょい誰かが鼻をかむ音が聞こえる
・照明が暗い

・試験時間が1時間繰り下がる
・問題に訂正が入る
・雪が降って電車が止まる
・センター試験には魔物が住んでいる（普段できる子も雰囲気にのまれてできなくなる、1科目できないとドミノ倒し的に全部できなくなる）
・集中できなくて、全部できない問題に見えてくる
・自分以外がみんなデキル奴に見える
・試験当日お腹が痛くなる、行きたくなくなる

こういった、自分がコントロールできない、思い通りにいかない世界で自分の実力を発揮しなくてはいけないこと。

本番で実力を発揮するには、ぶれない自分軸を作って自信をつけること。

本番当日は、今できることにフォーカスし、感情をコントロールしなければならないこと。

つまり、自分を本番に合わせていく必要性を感じさせます。このときの言葉がけはこんな感じです。

「一生懸命勉強してきたものを、一番いい状態で当日発揮できるようにしたくない？」

「当日、緊張でお腹が痛くなるような状態になりたい？」「せっかく頑張って身につけた学力、発揮させたいよね？」

【浪人生】

浪人生は一度ないしそれ以上、すでに失敗しているので、4月から自信がない状態です。自信を持つ必要性を痛感しているので、現役生のように自信をつけるトレーニングの説得は必要ありません。

まずは「どんなサークルに入る？」「どんな格好でキャンパスライフを送っている？」「彼氏彼女はできている？」など、なりたい自分像を細かくイメージしてもらって、受験勉強に対するモチベーションを上げます。日記の最初のページに書いてもらっても効果的だと思います。

なりたい自分像はいざ受験勉強を始めると、目先の忙しさで忘れがちになるので、月末に1回など、月に1回はイメージしなおす習慣作りが大切です。

5月　感情や緊張のコントロール法を模索していく

【現役生・浪人生】

予備校などで学力テストが始まる時期です。引き続き日記を書きつつ、試験で陥る緊張や感情をコントロールするトレーニングを始めます。知識だけあっても、普段からやっていないとその場ではできません。また、自分に合った方法を見つけるには、ある程度試行錯誤が必要です。おまじないと違ってトレーニングが必要となってきます。

詳しいトレーニング方法は、このＳｔｅｐ04-②〜⑤を参考にしてください。

6〜7月　変化の兆し

日記を書き始めて３ヶ月が経ちます。本人たちが何となく自信が出てきたと自覚する時期です。表情は明るく、言葉使いが変わってきます。

以前だったら、数学ができない、あれができない、これができないだった子が、「できる」というワードを会話の中で使うようになってきます。「数学の△△はできなかったけど、〇〇はできるようになりました」といったように。当初は全否定、全部できないと言っていたのが、できないながらもできることを見抜けるようになってきます。

10月　模擬試験スタート

トレーニングを始めて６ヶ月目に突入します。この頃になると、落ち着きがなかった子も落ち着きが出てきて、堂々とした表情になる子が多いです。

また、未来に起こるかもしれない「落ちたらどうしよう」という無駄なネガティブ発言がなくなり、自分がコントロールできないことに意識が向かなくなります。

今やるべきことに集中できるようになり、今やるべきことがわかるようになってきます。

会話をしていても前向きで、「ここができないけど、どうしたらいいですか？」「化学のここがわからないんですけど、どうやって勉強したらいいですか？」と前に進むような会話が増えます。


ただし、一切ネガティブ発言が出なくなるということではありません。本当につらいときにぽろっと出てきます。そんなときは、ぜひともしっかり受け止めてあげてください。

無理に励ましたりする必要はありません。「そうなんだ、つらいんだね」と**オウム返しで言うだけで大丈夫です。**

11月　本番まで3ヶ月

【浪人生】

11月以降、入試が近付くと浪人生は4月におこなった「なりたい自分のイメージトレーニング」が効果的ではなくなります。お花畑でいられないほど、不安感でいっぱいになるからです。

浪人生に対しては、この時期、避けたい状況をイメージさせる言葉がけをしていきます。こんな風に。

「来年の春、どんな状態が嫌?」『また浪人することです』「今の状態だったらどう?」『その可能性ありますね』「それでいいの?」『マジ死にます』

マイナスの感情を煽ることで、危機感を持たせます。一度失敗しているので、リアルにこのままではマズイ! という感情が湧き起こり、それが勉強への原動力になります。

【現役生】

浪人生と同じ危機感を煽る、という手は使えません。受験失敗の苦い経験をしていないので、その手を使うと気持ちが落ち、修正できずにそのまま本番を迎えて終わってしまいます。

現役生に対しては、「彼氏・彼女作るためにがんばろう!」など、モチベーションを上げるポジティブな言葉がけをしていきます。

1月 入試直前

受験生の大半は、この時期「ないない」言葉を非常にたくさん使います。「無理」「合格できなかったらどうしよう」「問題が解けなかったらどうしよう」「会場に着かなかったらどうしよう」

この時期に重要なのは、**起こってもいないことを考えてもしょうがない、ということを理解して、じゃあ、できることは何？　と切り替えること**です。その切り替えのパターンをこの時期に向けて逆算し、ストックを増やしていきます。

メンタルトレーニングのできている子は、たとえそう思ったとしても切り替えられます。思うことは悪いことではありません。みんな不安だし、不安を解消するために口に出してもいいのです。

でも、気をつけなければならないのは、その感情に引きずられることです。トレーニングしてきた子は、「明日テストなんですよ。解けなかったらどうしよう、とは思うんです（弱音や不安を口にする）けど、とりあえず頑張ってきまーす（やれることはやろう、と切り替える）」と言えるようになります。

入試直後の報告

トレーニングを続けて自信がついた子は、だいたい「やり切りました」と報告してくれます。発言が清々しく、たとえ受からなくても後悔はない、といった感じです。

自信をつけるというのは、自分で自分を認められるようになるということです。試験本番、大丈夫だよ、と人に言ってもらいたい、という気持ちもあると思いますが、本人がちゃんと自分は大丈夫だと納得しないと、いくら周りが言ったところで意味はありません。

元フィギュアスケート選手の浅田真央さんが、ソチオリンピックのフリーを振り返って、こんなことをおっしゃっていました。

極度の緊張の中、周りの人から「楽しんでやってきなよ」「今までやったことを出せば大丈夫だよ」と言葉がけをしてもらっても素直に受け止めきれなかったそうです。

追い込まれている人に対して、前向きな言葉がけは焼け石に水。奮い立たせるのは「そうだよね、大丈夫だよ、今までやるだけのことは精一杯やってきたんだもの」という自分自身の言葉がけしかありません。

同じフィギュアスケートの羽生結弦選手の自己肯定感の高さはとても有名ですね。自信があるという状態は、自分の持っている力を最大限に発揮できる、という事実につながります。日記という自分を肯定するトレーニングで、ぜひお子さん本人が自信をつけて受験を突破できるよう、親御さんがサポートをしてください。ただし、それが１００％結果につながるかの保証はできませんが……。

最後に、受験勉強中のお子さんに対する親御さんの姿勢と受験当日の言葉がけのポイントをお伝えしたいと思います。

〈親御さんの取るべき姿勢〉

10月から模擬試験が始まり、センター試験や私立の入試合否判定が続々と明らかになっていきます。私立の入試は受け方にもよりますが、2日に1回合否が出ます。残念ながら、不合格が続く子もいます。

そんなときに、親御さんが一緒になって落ち込んだり、来年のことを考え始めて不安になったりするのは仕方のないことですし、先のことをある程度見越すことは、大人の仕事だとも思います。ですが、どうかそう思ったとしても、お子さんの前で態度や顔に出さないでください。

子どもたちは、そういった親御さんの気持ちを敏感に感じ取ります。「僕、今すごくマズイ状態かもしれない。ダメかもしれない」とネガティブな感情が伝染して、最後まで全力疾走するどころか失速してしまいます。途中で立ち止まって、ゴールのテープを切るのを諦めてしまう子を何度も目の当たりにしてきました。

親御さんが不安を顔や態度で表すことは、1つもいいことはありません。どうか最後まで、お子さんがやり抜くことを信じてあげてください。

勉強を教えたり、叱咤激励することではなく、「お子さんを信じること」が親の務め、です。


〈受験当日の言葉がけ〉


いつも通り送り出してください。頑張ってね、大丈夫だから、はお子さんに響きません。逆にプレッシャーになる場合もあるので避けましょう。

塾や予備校の普段のテストから、送り出しのスタイルを決めておくといいかもしれません。お子さんの両肩をポンポンと叩く、マッサージをする、背中をバシッと叩く、ハグをする。

普段通りの送り出しをすることで、お子さんも変なプレッシャーを感じず、親御さんも冷静に落ち着いて送り出せると思います。

特別付録

本書で使用した
ワークシートを
一挙に掲載！

エゴグラム性格診断テスト

CP

はい:2点　どちらともいえない:1点　いいえ:0点

1	自分のやり方を押し通すほうだ
2	自分の弱さは人に見せるものではないと思う
3	問題点や欠点などマイナス面に目が向きがち
4	人に任せられず自分で決めることが多い
5	成長のために必要なのは厳しさだ
6	白か黒か、賛成か反対かのどちらかだ
7	約束やルール、時間は厳守すべきだ
8	自分も人もきちんと責任を負うべきだ
9	「～すべき」「～ねばならない」と思う
10	理想主義者だ

NP

はい:2点　どちらともいえない:1点　いいえ:0点

1	プレゼントや差し入れをするのが好き
2	頼まれるとついつい引き受けて断れない
3	思いやりがある
4	人に対して優しく丁寧に伝えるほうだ
5	人から感謝されることが一番うれしい
6	お世話するのが好き
7	人の成長や成長物語に感動する
8	人から話しやすいとよく言われる
9	ダメと言えず人のわがままを受け入れがち
10	気遣いができる

A

はい:2点　どちらともいえない:1点　いいえ:0点

1	無駄遣いはしないほうだ
2	なぜそうなったかの理由が知りたい
3	物事を筋道立てて考えるほうだ
4	科学的根拠や数字に基づいて判断する
5	感情の起伏はあまりなく冷静沈着だ
6	意見は主観ではなく客観的に言うほうだ
7	人の意見の根拠がわからないと落ち着かない
8	計画的にものごとを進めるタイプだ
9	無駄のない効率的なやり方を好む
10	状況を把握することが先決だと思う

FC

はい:2点　どちらともいえない:1点　いいえ:0点

1	好奇心旺盛だ
2	好き・嫌いがわりとハッキリしている
3	やりたいことがたくさんある
4	素直で純粋、誰に対してもわけ隔てない
5	芸人さんのように人を笑わせるのが好き
6	感情をストレートに出すことができる
7	「へぇ～」「すごい!」「わぁ～」などをよく使う
8	「自分勝手」や「わがまま」と言われることがよくある
9	悩むより先に行動するほうだ
10	思ったことをすぐ口にする

AC

はい:2点　どちらともいえない:1点　いいえ:0点

1	自分の思いや意見をなかなか言えない
2	辛くても我慢してしまうことが多い
3	人の顔色をいつもうかがっている
4	承認欲求が高い
5	周りの人に合わせることができる
6	すねたり、自暴自棄になるときがわりとある
7	人の目が気になる
8	何事も注意深く、軽々しい行動はしない
9	自分より相手の要望に応えようとする
10	「ごめんね」「すみません」が口癖だ

エゴグラム結果シート

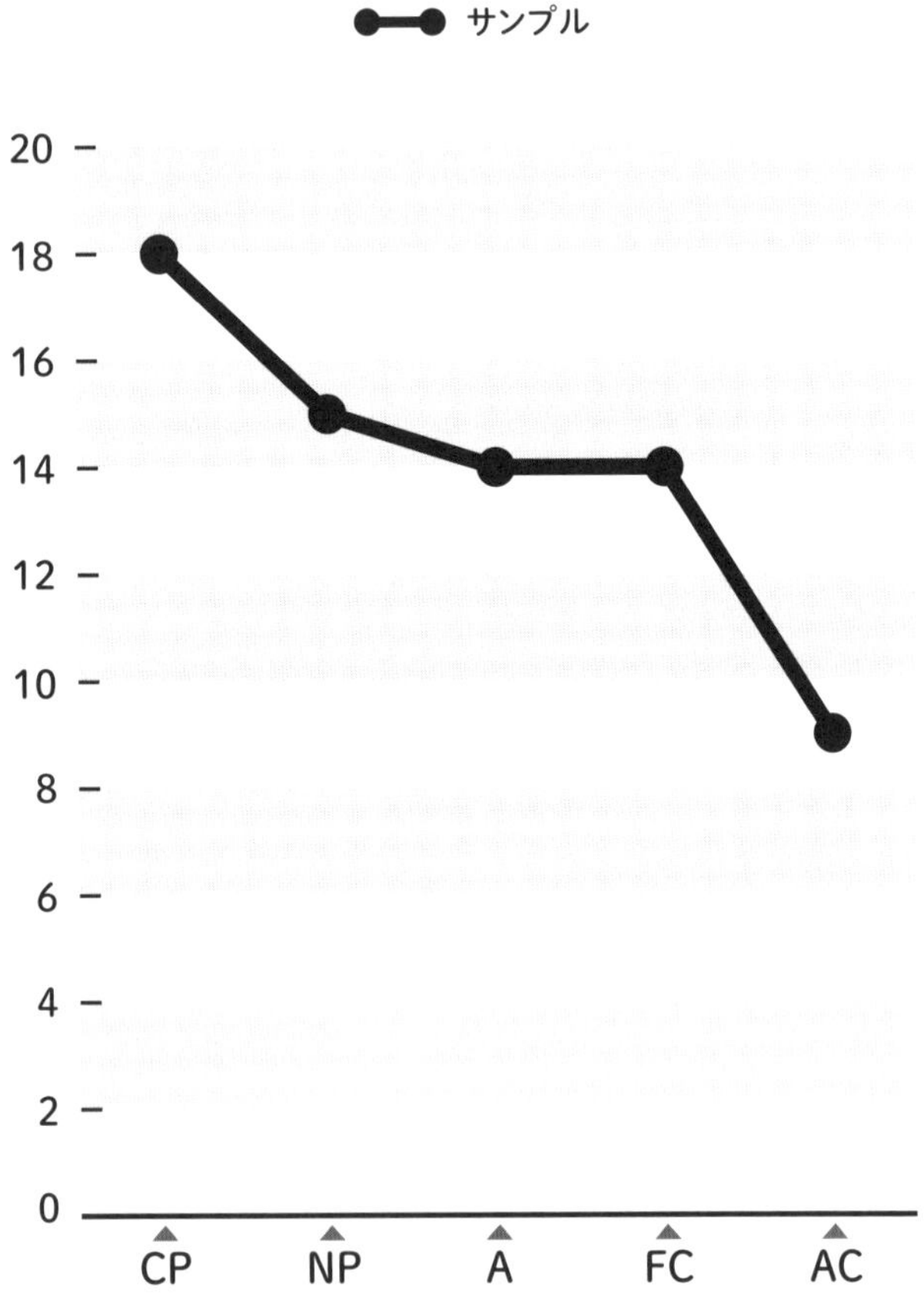

分析：CPが高い傾向にあるがNP・A・FCの傾向もある。ACは低く当てはまりにくい。

僕・私のノート

【<子ども脳>を知る】

Q1：気分が上がることは?

Q2：気分が下がることは?

【<大人脳>を知る】

Q1：プラスの考え方は?

Q2：マイナスの考え方は?

Q3：自分の<子ども脳>を1つの人格と捉えたらどんな性格?

Q4：自分の<大人脳>を1つの人格と捉えたらどんな性格?

自分のストレスポイントを知るワーク

ワークシート①

ストレスを強く感じる：YES ------→ YESの項目はワークシート②へ
ストレスをさほど感じない：NO

1 プレゼントをあげたら相手が微妙な顔をした Y/N
→
2 公の場で騒ぐ子を放ったらかしのどこかの親 Y/N
→
3 順番待ちに割り込みされた Y/N
↓
4 急いでいる時の電車の遅れや信号待ち Y/N
→
5 連絡なく人を待たせる行為 Y/N
→
6 注文したものと違うものが届いた Y/N
↓
7 係の指示を出したのに聞かないクラスメイト Y/N
→
8 応援しているチームが試合で負けた Y/N
→
9 自分が投票した人が悪さをした Y/N
↓
10 失敗を自分のせいにされた Y/N
→
11 後輩に口答えされた Y/N
→
12 スマホやPCの電源が途中で落ちた Y/N
↓
13 満員電車に大荷物で乗る人 Y/N
→
14 いじめ、虐待のニュースを目にした Y/N
→
15 勇気を出して席を譲ったのに断られた Y/N

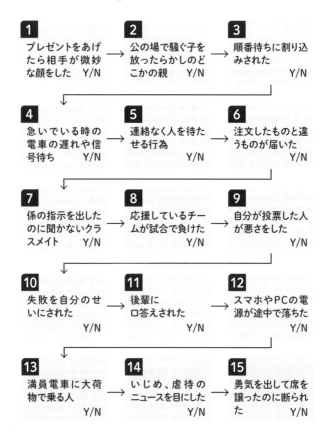

16 愚痴の電話に1時間付き合わされた Y/N
→ **17** 旅先やイベント会場にゴミが散乱 Y/N
→ **18** やりたくないことを「やれ!」と言われた Y/N

19 タバコのポイ捨て・ペットの糞放置 Y/N
→ **20** 後輩や店員のタメぐち Y/N
→ **21** 電車に乗る直前にドアが閉まった Y/N

22 返事がない、もしくは既読スルー Y/N
→ **23** 国際試合で日本が侮辱された Y/N
→ **24** 車内で大声で電話する人 Y/N

25 都合が悪くなるといなくなる友人知人 Y/N
→ **26** 窓口のスタッフに不愛想な態度をされた Y/N
→ **27** 要らぬお節介をやかれた Y/N

28 やろうとした矢先に「早くやって!」と急かされた Y/N
→ **29** 隣の自転車のせいで自分の自転車が出せない Y/N
→ **30** お腹ペコペコで帰ったのに夕飯ができていない Y/N

31 対戦ゲームでこてんぱんにやられた Y/N
→ **32** 自分だけハブにされた Y/N
→ **33** すごく勧められたけど全然良くなかった Y/N

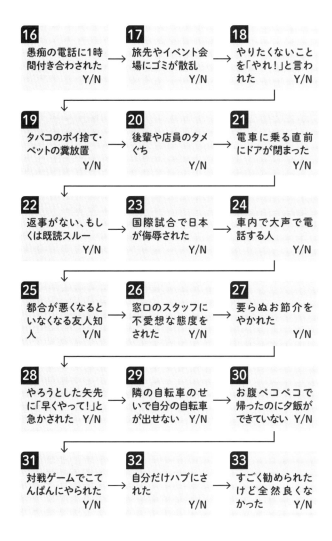

ワークシート②

ワークシート①でYESにチェックした項目を
下の該当する気持ちに振り分けてみましょう。

大切にされたい
・聞いてもらえない
・尊重されていない
・受け入れてもらえない
・わかってくれない

認めてもらいたい
・無視された
・拒否された
・比較された
・嫌われた

人とつながりたい
・見捨てられた
・裏切られた
・思いやりがない
・喜んでもらえなかった

脅かされたくない
・振り回された
・邪魔された
・利用された
・貶められた

上記の気持ちが満たされない時にストレスを感じやすい

目標設定シート

<目的>目標達成への流れをつかみ、
自分の強みを再確認する

・制限時間10分
・人生の目標を上から順に埋めていく
・次に勉強の目標を上から埋めていく

	人生の目標	勉強の目標
夢のような目標		
最小限の目標		
30年後の目標		
10年後の目標		
5年後の目標		
4年後の目標		
3年後の目標		
2年後の目標		
1年後の目標		
半年後の目標		
3ヶ月後の目標		
今月の目標		
今週の目標		
今日の目標		

マンダラチャート

<目的>行動しやすくするために、目標達成の
エッセンスを言語化し整理する

・目標→目標達成要素→アプローチ手段の順で埋めていく

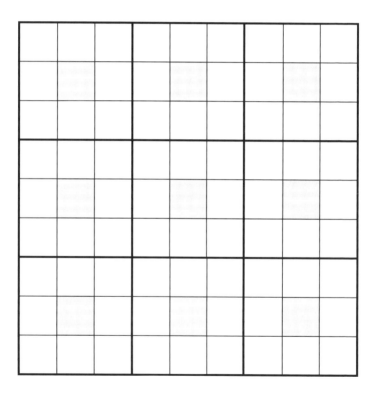

緊張の正体を知るチェックシート

表右側の白枠内に、各問いで当てはまるものに✓を入れてください。最後に✓の数を列ごとに合計します。一番多かったものが最も強い緊張のパターンとなります。

1	周りからの評価がつい気になってしまう					
2	親があまり褒めてくれない					
3	大勢の前で恥をかいたことがある					
4	能天気で楽観的な方だ					
5	たくさん人が集まるところが苦手					
6	人から「すごい」などと称賛されるのが好き					
7	立場や肩書が上の人が苦手					
8	人前で怒られた経験がある					
9	アドリブは苦手					
10	初対面では自分から話しかけられない					
11	完璧主義もしくは完璧を追求しがち					
12	褒められ下手で素直に喜べない					
13	過去の出来事をくよくよ引きずるほうだ					
14	アクシデントには柔軟に対応できない					
15	初めての場所に1人で行くのは苦手					
16	失敗は恥ずかしいことだ					
17	人から褒められたいと強く思う					
18	同じ失敗を繰り返すことが多い					
19	徹底して準備しないと不安					
20	クラス替えなどは慣れるまで時間がかかる					

21	プロセスより結果がすべて					
22	学歴にコンプレックスがある					
23	幼少期の嫌な思い出を覚えている					
24	予定が変更されるとヒヤヒヤする					
25	今までやったことのないことはしたくない					
26	人によく見られるための努力は惜しまない					
27	外見に自信がない					
28	前のことが気に病んで仕方ないときがある					
29	目標を立ててもほとんど達成できない					
30	いつも同じ友だちと遊ぶことが多い					
31	意見が合わず人と対立することがよくある					
32	自分の方が劣っていると感じることが多い					
33	昔から人前に出るのが苦手					
34	やらなきゃいけないことを先延ばしにしがち					
35	決まったお店に行くことが多い					
36	自分よりできるヤツを見ると凹む					
37	なかなか自信が持てない					
38	過去のことでドキドキしたりすることがある					
39	「ま、いっか」で済ませることが多い					
40	遠足や旅行前に体調を崩したことがある					
	合計					
	パターン	1	2	3	4	5
	各パターンの解説ページはこちら→	p.136	p.139	p.141	p.143	p.145
	各パターンのコントロール法はこちら→	p.154	p.157	p.161	p.164	p.167

参考文献

・新潮社　善家賢著　『本番で負けない脳　脳トレーニングの最前線に迫る』
(https://www.yodobashi.com/product/100000009001128732/)
・時事通信社　工藤勇一著　『学校の「当たり前」をやめた。』(https://bookpub.jiji.com/book/b383104.html)
・すばる舎　石津貴代著　『緊張をコントロールして最高の結果を出す技術』(http://www.subarusya.jp/book/b374960.html)
・GAKKEN　笠原彰著　『わかる!使える!スポーツメンタルバイブル』(https://www.kinokuniya.co.jp/f/dsg-01-9784058006597)
・日経BP　山﨑洋実著　『苦手な人が気にならなくなる本』(https://www.nikkeibp.co.jp/atclpubmkt/book/16/252550/)
・双葉社　ルビー・ワックス著　『心がヘトヘトなあなたのためのオックスフォード式マインドフルネス』
(https://www.e-hon.ne.jp/bec/SA/Detail?refShinCode=0100000000000033819080&Action_id=121&Sza_id=LL)

著者略歴

岡島 卓也（おかじま・たくや）

大手予備校化学科講師

予備校講師として15年間化学を教えるなかで、合格には『学力×メンタル』が必要と考え、受験の世界にメンタルトレーニングを普及させる活動を行なっている。

twitter : https://twitter.com/@OKAJII1

監修略歴

石津 貴代（いしづ・たかよ）

メンタルトレーナー
株式会社リエート 代表取締役社長
ON+OFF メンタルトレーニング協会 代表

日本代表選手を担当するメンタルトレーナーに師事。多くの現場で実習を積み、2007年に独立、Lieto-Mental Conditioning-を設立。2017年3月、株式会社リエート設立。プロ野球、各競技の日本代表・実業団やプロチームなどを多数担当し、これまで、のべ5,600人以上のメンタルトレーニングを担当。著書には『緊張をコントロールして最高の結果を出す技術』（すばる舎）がある。

Staff List

構成	平川 麻希
イラスト	柴田 琴音（Isshiki）
装丁デザイン	八木 麻祐子（Isshiki）
本文デザイン	齋藤 友貴（Isshiki）
DTP	青木 奈美（Isshiki）
校正	鷗来堂
企画協力	NPO法人　企画のたまご屋さん
編集・進行	寺田 須美（辰巳出版）

本番でいつもの実力を発揮できる
受験合格のためのメンタルトレーニング

2020年7月25日　初版第1刷発行

著　者　　岡島卓也
発行者　　廣瀬和二
発行所　　辰巳出版株式会社
〒160-0022
東京都新宿区新宿2丁目15番14号　辰巳ビル
電話　03-5360-8960（編集部）
　　　03-5360-8064（販売部）
URL　http://www.TG-NET.co.jp
印刷・製本　図書印刷株式会社

本書へのご感想をお寄せください。
また、内容に関するお問い合わせは、
お手紙、FAX（03-5360-8052）、メール（info@TG-NET.co.jp）にて承ります。
恐れ入りますが、お電話でのお問い合わせはご遠慮ください。

ISBN 978-4-7778-2534-9 C0037